Une mystérieuse disparition

Une mystérieuse disparition

Huguette Zahler
Head, Foreign Students
École Active Bilingue Jeannine Manuel
Paris, France

When ordering this book, please specify:
either **R** 494 **P** *or* UNE MYSTÉRIEUSE DISPARITION

AMSCO SCHOOL PUBLICATIONS, INC.
315 Hudson Street / New York, N.Y. 10013

Other Amsco books by Huguette Zahler:

Un été pas comme les autres
Le Vol de la Joconde
Le mystère des faux billets
Un autre été... pas comme les autres

Please visit our Website at:
www.amscopub.com

Illustrations by Ken Hamilton

ISBN 978-0-87720-492-3

Copyright © 1989 by Amsco School Publications, Inc.

PRINTED IN THE UNITED STATES OF AMERICA

Preface

Une mystérieuse disparition offers students beyond the second year of French a reader that combines intriguing story material with significant information about the French-speaking world of the Western Hemisphere, from Quebec through Louisiana to Guadeloupe in the Caribbean.

The setting of this story of international intrigue engages the students' empathy with the central character and his family. As the plot unfolds, readers meet a variety of other "types," as they try to solve the mystery of the strange disappearance. Along the way, students walk though the narrow streets of old Quebec, explore New Orleans and the Bayou country of Louisiana, and finally run along the beaches of Guadeloupe as the story reaches its denouement.

Une mystérieuse disparition makes use of all narrative and conversational tenses, including the *passé simple* and the present subjunctive. Dialog is extensively used throughout so as to immerse students in the richness and variety of everyday French and provide the basis for conversational practice. The vocabulary, while broadened in keeping with the requirements of more advanced courses, has nevertheless been carefully controlled. To encourage rapid reading without conscious translation, unusual expressions are glossed in the text margins.

The exercises, which are based on the text, challenge students to provide increasingly creative oral and written responses to the given cues, including original conversation and composition.

Une mystérieuse disparition gives students the enjoyable experience of reading a complete book that will hold their interest throughout, while they strengthen their mastery of language, their range of vocabulary, and their knowledge of French-speaking areas in the New World.

H.Z.

Contents

Un dîner gâché

Il était 6 heures quand Marie-France entra
dans la petite boutique de vêtements que tenait sa mère rue Saint-Jean. Il y avait beaucoup de clients, des touristes pour la plupart.
5 Comme c'était le lendemain de la rentrée, elle
n'avait pas de devoirs, elle avait grandement
le temps d'aider.

« Alors, cette rentrée, demanda Madame
Gagnon, ça se passe bien?

10 — Pas mal, les nouveaux profs ont l'air
sympa, sauf le prof de maths!

— Ah bon! C'est un homme ou une femme?

— Un homme; et il est super-sévère. Il nous
a déjà dit qu'il nous trouvait complètement
15 nuls!

— Il n'a peut-être pas tort, vous n'avez pas
fait grand-chose l'année dernière! »

Marie-France avait seize ans et elle venait
d'entrer en Vème Secondaire à l'école des Ur-
20 sulines. Son frère jumeau, Jean, était dans la
même classe, mais lui, au Séminaire des garçons de Québec.

« La rue était pleine de touristes quand je

tenir to hold; tenir
une boutique *to keep
a shop*
la plupart *most;* pour
la plupart *mostly*
la rentrée *reopening of
school*
grandement *here:
plenty*

nul (*f.* nulle) *zero*

Vème Secondaire *Ca-
nadian equivalent of
11th grade*
le jumeau (*f.* jumelle)
twin

1

suis remontée de l'école, continua Marie-
25 France. Tu as fait des affaires?

— Oui, surtout avec les soldes de robes d'été,
mais. . .

les soldes (*m.*) *items
on sale*

— Quoi?

— Oh, rien, une expérience désagréable,
30 mais. . . voilà des clients, je te raconterai plus
tard. »

La famille Gagnon habitait rue d'Auteuil, le
long des remparts qui entourent le vieux Québec. Depuis le mois de juin, début officiel de
35 la saison touristique, c'est Monsieur Gagnon
qui faisait les courses et préparait le dîner
pendant que sa femme s'occupait de la boutique.

À 7 heures donc, Monsieur Gagnon rentra
40 chez lui après être passé à l'épicerie en quit-
tant la banque où il travaillait. Deux amis de
Jean attendaient, perchés sur les remparts,
juste devant la maison. Il leur fit un petit signe
amical:

45   « Salut les garçons, vous attendez Jean?

— Oui, on devait se retrouver pour jouer au
foot derrière la Citadelle*, mais il n'est pas
venu, répondit le plus blond.

le foot (le football)
soccer

— Vous avez sonné?

50   — Ben oui, il n'est pas là. . .

— Allez donc voir à la boutique de ma
femme, il est peut-être allé l'aider.

— Oh ben, maintenant, ça ne vaut pas le
coup, reprit le deuxième, on le verra demain. »

valoir *to be worth;* va-
loir le coup *to be
worth it*

55   À 8 heures Madame Gagnon et sa fille ren-
traient bras-dessus, bras-dessous.

bras-dessus, bras-
dessous *arm in arm*

« Hum. . . Qu'est-ce que tu sens, toi? demanda la fille.

*Old fort in Quebec City.

— Je ne sais pas. . . De l'estragon?

60   — Non, c'est plutôt du romarin, ou. . . du thym. . .

— Bonsoir Papa, claironna Marie-France en ouvrant la porte, alors, qu'est-ce qu'on mange? Du poulet à l'estragon?

65   — Tu n'y es pas du tout: c'est une nouvelle recette, des escalopes de veau à l'oseille. . . Je crois que c'est réussi!

— Tu sais, Papa, tu devrais ouvrir un restaurant, ce serait plus drôle que la banque. . .

70   — Mais beaucoup plus fatigant! Jean n'est pas avec vous?

— Non, je ne l'ai pas vu, répondit Madame Gagnon, surprise. Pourquoi?

— Il devait aller jouer au foot avec des co-
75   pains, dit Marie-France, Bernard et Charles, je crois.

— Justement, reprit le père, ils étaient ici tous les deux quand je suis arrivé, ils le cherchaient.

80   — Mais alors, s'écria la mère, où peut-il être? Il est presque 9 heures!

— Je ne sais pas, mais en attendant, il faut manger, mon dîner ne peut pas attendre. »

Mais ni Madame Gagnon ni Marie-France ni
85   même le cuisinier n'avaient très faim.

l'estragon (*m.*) *tarragon*

le romarin *rosemary*

claironner *to trumpet*

l'oseille (*f.*) *sorrel*

copain (*f.* copine) *(colloquial) pal, chum*

Exercices

A. *Vrai ou faux? Dites si la phrase suivante est vraie. Si elle est fausse, donnez la bonne réponse:*

1. La mère de Marie-France travaillait dans une banque.
2. Marie-France n'avait pas de devoirs parce que c'était la fin de l'école.
3. Marie-France a le même âge que son frère Jean.
4. Il y a des remparts autour du vieux Québec.
5. C'est Monsieur Gagnon qui fait les courses et prépare le dîner.
6. Jean est arrivé en retard au rendez-vous avec ses copains.
7. Les trois garçons devaient jouer au tennis.
8. Quand Marie-France et sa mère rentrent, il y a une bonne odeur dans la maison.

B. *Trouvez dans la colonne de droite la raison pour la situation exprimée à gauche. Faites une phrase:*

EXEMPLE: s'occuper de la boutique / la saison touristique
Madame Gagnon s'occupait de la boutique parce que c'était la saison touristique.

1. ne pas avoir de devoirs	a. essayer une nouvelle recette
2. être nul en maths	b. la rentrée
3. avoir le même âge	c. être occupé
4. faire des affaires	d. être jumeau
5. faire les courses	e. avoir des soldes
6. sentir bon	f. n'avoir rien fait
7. attendre Jean	g. jouer au foot

C. *C'est la rentrée. Vous discutez avec un(e) ami(e) de vos nouveaux profs et vous n'êtes pas d'accord. Composez de petits dialogues en employant des adjectifs choisis de la liste suivante:*

EXEMPLE: Vous: Le prof de maths? Il a l'air gentil.
Votre ami(e): Moi, je le trouve injuste! Mais j'aime bien la prof de latin.

amusant	idiot	méchant
drôle	indulgent	précis
dur	injuste	sévère
ennuyeux	intelligent	sympathique
gentil	juste	triste

1. le prof d'histoire
2. de sciences naturelles
3. de chimie
4. de physique
5. d'anglais
6. de français
7. de latin
8. d'informatique
9. de géographie
10. de dessin
11. de musique
12. d'éducation physique
13. d'art dramatique

D. C'est la rentrée:

1. Vous préparez vos vêtements. Qu'est-ce que vous avez acheté? Où?
2. Vous préparez vos affaires d'école. Qu'est-ce vous avez acheté? Où?
3. De quels livres aurez-vous besoin?
4. Qu'est-ce que vous avez changé dans votre chambre?

E. Marie-France pense que tenir un restaurant serait plus drôle que travailler dans une banque. Et vous, que pensez-vous des professions suivantes? Employez les adjectifs qui suivent:

EXEMPLE: Être coiffeur est plus fatigant que travailler dans un bureau parce qu'on est toujours debout.

actif	ennuyeux	lucratif
agréable	étrange	mystérieux
amusant	facile	secret
dangereux	fatigant	sérieux
difficile	important	utile
drôle	intéressant	

1. pompier
2. fermier (fermière)
3. policier
4. professeur

5. ingénieur	11. mécanicien(ne)
6. docteur	12. pilote
7. président d'un pays	13. hôtesse de l'air (steward)
8. avocat(e)	14. informaticien(ne)
9. coiffeur (coiffeuse)	15. employé(e) de bureau
10. acteur (actrice)	16. facteur

F. *Une recette:*

Les escalopes de veau à l'oseille: Prenez quatre escalopes. Faites revenir les escalopes dans du beurre. Ajoutez-y l'oseille que vous aurez d'abord ébouillantée dans de l'eau salée. Émincez deux échalotes et mettez-les dans la poêle. Couvrez pendant trois minutes et servez aussitôt. Sel et poivre selon les goûts.

À votre tour: donnez une recette à la classe.

Chapitre 2

À l'autre bout du fil. . .

À 10 heures Jean n'était pas rentré. Marie-France <u>téléphona</u> à tous leurs amis communs. Personne ne l'avait vu depuis qu'il avait quitté l'école.

5 « Ce n'est pas normal du tout, s'inquiétait Madame Gagnon, il n'est jamais rentré si tard sans avoir téléphoné!

— Oui, je sais, répondit son mari, moi aussi c'est ce qui m'inquiète un peu, il y a des télé-
10 phones partout! »

À ce moment précis le téléphone <u>sonna</u>. Tout le monde se <u>précipita</u>, Monsieur Gagnon <u>dé-</u><u>crocha</u> l'appareil:

« Allô, j'écoute? »

15 À l'autre bout du fil il y eut comme un halète-ment.

«Papa, papa, vite, j'ai des enn. . .

— Jean! Jean? C'est toi? Où es-tu? Qu'est-ce qui se passe?

20 — Mon Dieu, c'est Jean! s'exclama Madame Gagnon. Où est-il?

— Jean! . . . Jean! . . . On a été coupés!

— Qu'est-ce qu'il a dit?

— Rien, rien! C'est ça, il n'a rien pu dire, on

décrocher l'appareil
to pick up the phone

le halètement *panting*

8

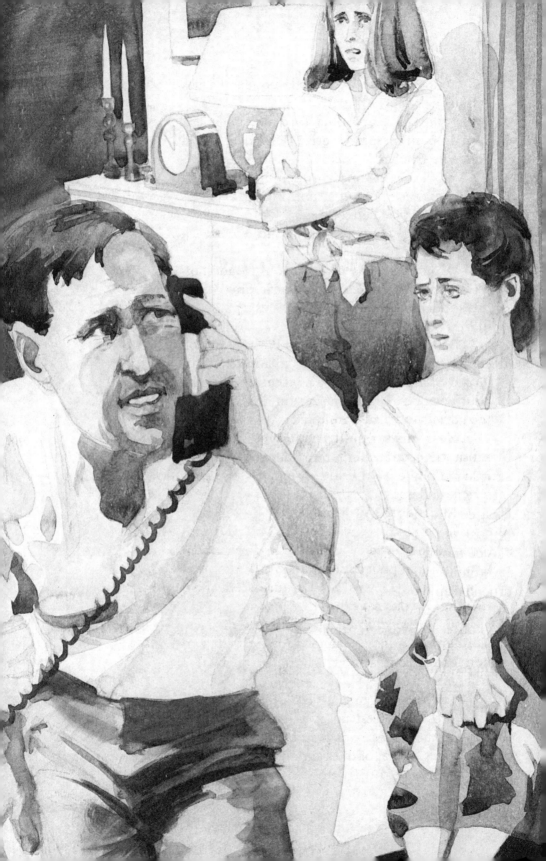

25 a été coupés avant! J'appelle la police, il a des
ennuis, c'est sûr! »   l'ennui (*m.*) *problem*

Un quart d'heure plus tard, ils parlaient
avec le commissaire Pierre Descotaux de la
police de Québec.

30   « Vous savez, avança prudemment le com-
missaire, c'est peut-être une fugue, avec les   la fugue *running away*
jeunes, ça arrive souvent!

— Mais ce coup de téléphone, s'écria la
mère.

35   — Ça ne veut rien dire. Voyons, Mademoiselle, dit-il en s'adressant à Marie-France, re-
dites-moi exactement ce qui s'est passé ce
matin.

— Ben, Commissaire, je vous l'ai déjà dit, on
40 est partis en même temps, il m'a quitté dans
la rue Saint-Louis, moi, j'ai tourné à gauche
pour entrer aux Ursulines et lui, il a continué
tout droit jusqu'au Séminaire.

— Et je suis sûr qu'il y est arrivé, interrom-
45 pit sa mère, autrement, on m'aurait téléphoné
à la boutique qu'il était absent, ils sont très
stricts là-dessus.

— Et cet après-midi?

— Je ne l'ai pas vu, je vous l'ai dit, il devait
50 jouer au foot et moi, je suis allée directement
à la boutique pour aider Maman.

— Hum... Je vois!... On dirait vraiment
une fugue, vous savez!

— C'est absolument ridicule de dire ça,
55 s'exclama Madame Gagnon, Jean est un garçon charmant, sérieux, très heureux, il a
beaucoup d'amis!

— Travaille-t-il bien à l'école?

— Très bien, c'est un excellent élève, reprit
60 le père, un garçon sans histoires!

— Vous savez, on ne connaît pas forcément   forcément *necessarily*
ses propres enfants! Dites-moi, Monsieur Ga-

gnon, vous travaillez à la Banque de Montréal?

65   — Oui, depuis six ans. C'est tout près d'ici,
au Carré d'Youville. Je suis chargé du service
des prêts.

   — Les prêts? Tiens, c'est intéressant! C'est
vous qui décidez à qui on donne ou on refuse
70 un prêt?

   — Oui, c'est moi, mais attention, je ne suis
pas seul, on forme un comité.

   — Écoutez, je comprends votre inquiétude
à tous. Il y a probablement une explication lo-
75 gique à la disparition de Jean. Je vais quand
même alerter la police entre Québec, Montréal et les États-Unis ainsi que la Rivière-du-
Loup. On va surveiller les gares, les routes et
les aéroports. Donnez-moi une photo de Jean,
80 récente si vous pouvez. Voici un numéro où
vous pouvez me joindre jour et nuit. Et demain matin, si jamais, ce que je doute fort,
Jean n'était pas encore rentré, allez à votre
banque et donnez-moi le plus vite possible la
85 liste des gens à qui vous avez récemment refusé un prêt.

   — Mon Dieu! Vous pensez donc qu'il lui est
arrivé quelque chose!

   — Mais non, ma chère Madame, justement,
90 non, je ne le pense pas! Ne vous inquiétez pas
et faites-moi confiance. »

   Mais c'était plus facile à dire qu'à faire.

le carré *(Canadian) square*
le prêt *loan*

jamais *here: just in case*

faire confiance (à) *to trust*

Exercices

A. *Choisissez la proposition qui complète le mieux la phrase:*

1. La mère de Jean s'inquiétait parce qu'il
   (a) ne rentrait jamais si tard.
   (b) téléphonait toujours quand il était en retard.
   (c) avait déjà téléphoné.

2. Jean n'a pas pu terminer sa phrase,
   (a) la communication avait été interrompue.
   (b) il n'avait pas d'ennuis.
   (c) il avait trop de monnaie.

3. Le détective pense que Jean
   (a) a fait une fugue.
   (b) a été jouer au foot.
   (c) est un jeune comme les autres.

4. À la banque, le père de Jean
   (a) donne des explications logiques.
   (b) décide qui va travailler.
   (c) décide qui va recevoir un prêt.

5. Le commissaire
   (a) prend une photo de Jean et donne son propre
       numéro de téléphone.
   (b) prend le numéro de téléphone de Jean et donne sa
       propre photo.
   (c) donne sa photo et son numéro de téléphone aux
       parents de Jean.

B. *Au téléphone. Un ami vous téléphone pour vous demander d'aller au cinéma. Imaginez ce que vous lui dites:*

Vous: ____
L'ami: Gérard?
Vous: ____
L'ami: Tu as envie d'aller au cinéma cet après-midi?
Vous: ____
L'ami: « La belle et la bête ». On dit que c'est très beau.

Vous: _____
L'ami: Au «Cosmos».
Vous: _____
L'ami: À 4 heures, ça te va?
Vous: _____
L'ami: Près de la caisse.
Vous: _____

C. *Encore au téléphone! Vous appelez votre mère parce que vous venez de perdre votre portefeuille:*

Vous: _____
Maman: Ça va?
Vous: _____
Maman: Tu es sûr(e)? Tu as bien cherché dans tes poches?
Vous: _____
Maman: Qu'est-ce qu'il y avait dedans?
Vous: _____
Maman: Beaucoup?
Vous: _____
Maman: Et quoi d'autre?
Vous: _____
Maman: Zut alors. Tu aurais dû faire attention.
Vous: _____
Maman: Enfin. Pourquoi tu ne rentres pas? On va appeler la police.
Vous: _____

D. *Marie-France raconte au commissaire Descotaux comment elle va à l'école le matin. Racontez comment vous allez à l'école. Avec qui? Combien de temps mettez-vous, etc.*

E. *Vous voulez emprunter de l'argent à quelqu'un. Imaginez la conversation. Dites pourquoi vous voulez cet argent.*

F. *Cherchez dans votre bibliothèque une carte de la province de Québec et répondez aux questions:*

1. Quelle est la ville la plus grande?
2. La ville de Québec est-elle plus près de Montréal ou de Rivière-du-Loup?
3. Qu'est-ce qu'il y a au nord de la province?

4. Quel est le chemin le plus court entre la ville de Québec et les États-Unis?
5. Quelle ville des États-Unis semble être la plus proche de la ville de Québec?
6. Comment s'appelle la plus grande île au milieu du Saint-Laurent?
7. Quelle province canadienne se trouve juste à l'ouest de Québec?
8. Vous allez de Montréal à Québec. Faites votre itinéraire aller et retour et justifiez votre choix.

Chapitre 3

L'homme au monocle

Après le départ du détective, il n'était pas question de se coucher.

« Bon, écoutez-moi, dit Monsieur Gagnon, je reste près du téléphone, allez dormir.

5 — Ah non, certainement pas! Mon pauvre petit garçon a disparu et tu crois que je pourrais dormir!

— Écoutez, interrompit Marie-France, asseyez-vous. Essayons de récapituler. Est-ce 10 qu'on a oublié quelque chose? Qu'est-ce qui s'est passé hier?

— Rien, absolument rien! C'était la rentrée. Moi, j'ai fait du saumon grillé et tout le monde s'est régalé.

15 — Alors, aujourd'hui, peut-être? Avec ce détective, on était très nerveux!

— Mon pauvre petit garçon. . . Il avait peut-être besoin de moi, et moi, j'étais à la boutique toute la journée et je ne le savais pas!

20 — La boutique, Maman, mais j'y pense, quand je suis arrivée ce soir, tu m'as dit qu'il s'était passé quelque chose. . . une expérience désagréable, je cite tes propres mots.

— Ma foi, oui, c'est drôle, j'ai oublié de vous

se régaler *to relish (a meal)*

la foi *faith;* ma foi *really*

25 en parler, mais ça n'a absolument rien à voir
avec la disparition de Jean!

— Écoute, Chérie, raconte quand même, on
ne sait jamais!

— Et bien, voilà. Il n'y avait que deux
30 clients dans la boutique quand cet homme est
entré. Ce qui m'a intriguée, c'est qu'il s'est mis
à me dévisager au lieu de regarder ce qu'il y   dévisager *to stare at*
avait dans la boutique.

— Oh, je vois, un admirateur secret!
35 — Voyons, Chéri, ce n'est pas le moment de
rire!

— Explique, Maman, qu'est-ce qu'il t'a
demandé?

— Rien, justement, il ne m'a rien dit et
40 rien demandé! Et en plus il avait une drôle
d'allure.   l'allure (*f.*) *aspect*

— Comment ça?

— Ben, il n'avait pas l'air d'être d'ici! D'a-
bord, il avait une brochure du Château Fron-
45 tenac* qui dépassait de sa poche.

— Alors, c'est simple, c'était un touriste!

— Oui, mais ce qui m'a étonnée, c'est qu'il
n'était pas habillé comme les autres touristes.
Il portait un costume sombre, une cravate et
50 aussi il avait un monocle.

— Un monocle! Ça alors, c'est marrant!   marrant (*colloquial*)
— Marie-France, arrête d'interrompre ta   *funny*
mère! Alors, qu'est-ce qu'il a fait?

— Rien. Il est resté comme ça trois ou
55 quatre minutes, pendant que je servais une
cliente, et quand je lui ai demandé ce qu'il
voulait, il a fait demi-tour et il est parti.

— Bof, je ne pense pas que ce soit très im-   bof (*colloquial*) *well*
portant, mais quand même, si jamais. . .»
60 Monsieur Gagnon ne put pas dire ce qu'il

---

*Historic mansion in Quebec, now a hotel.

pensait, à savoir que, si jamais Jean n'était pas   à savoir *namely*
rentré le lendemain matin, peut-être sa femme
devrait-elle raconter l'histoire de l'homme au
monocle au commissaire Descotaux.

65   Marie-France se leva d'un bond:
      « Écoutez, je crois qu'on a tort de s'affoler.   s'affoler *to panic*
Je connais Jean, il a les pieds sur terre! Il ne
se laisserait pas embarquer dans quelque
chose de dangereux! Moi, je vais dormir!

70   — Mais oui, la petite a raison! Allons dormir. Demain matin j'irai chercher des croissants de bonne heure au cas où il rentrerait
pour le petit déjeuner. »

      Mais la nuit se termina, et, à l'heure des
75 croissants, Jean Gagnon n'était pas encore
rentré.

Exercices

A. Choisissez la proposition qui complète le mieux la phrase:

1. La famille Gagnon ne veut pas aller dormir parce que tout
   le monde est
   (a) inquiet.
   (b) intrigué.
   (c) fatigué.

2. L'homme qui est entré dans la boutique a regardé seulement
   (a) les soldes.
   (b) Marie-France.
   (c) Madame Gagnon.

3. Cet homme a
   (a) demandé des renseignements.
   (b) ri.
   (c) regardé sans rien dire.

4. Il portait
   (a) des lunettes.
   (b) une moustache.
   (c) un monocle.

5. Marie-France pense qu'il ne faut pas s'inquiéter parce que Jean
   (a) est très étrange.
   (b) est très sérieux.
   (c) est très nerveux.

6. Dans cette famille, la personne qui parle toujours de nourriture est
   (a) la fille.
   (b) la mère.
   (c) le père.

B. *Dites que vous ne pouvez pas faire les actions de la colonne de gauche à cause d'un adjectif de la colonne de droite. Attention à l'accord:*

EXEMPLE: dormir / inquiet
   Je ne peux pas dormir parce que je suis très inquiet (inquiète)!

1. manger cette viande	a. cher
2. mettre ce vêtement	b. mauvais
3. acheter cette auto	c. rapide
4. écrire ce devoir	d. ennuyeux
5. lire ce livre	e. cru
6. danser cette danse	f. laid
7. voir ce film	g. vieux
8. raconter cette histoire	h. difficile

C. *Madame Gagnon a eu une experience désagréable. Et vous? Racontez à la classe quelque chose qui vous est arrivé et qui vous a laissé un assez mauvais souvenir.*

D. *On vous dévisage! Dites ce que vous feriez si on vous dévisageait dans les cas suivants:*

1. Vous êtes dans un autobus et vous lisez un livre dans une langue étrangère.
2. Vous êtes en maillot de bain dans l'autobus.
3. Vous marchez dans la rue avec une iguane en laisse.
4. Vous entrez dans un restaurant avec un chien énorme.
5. Vous embrassez le directeur (la directrice) de l'école en arrivant le matin.
6. Imaginez d'autres situations où vous êtes sûr(e) qu'on vous dévisagera.

E. *Avez-vous de la mémoire?*

1. Sans relire le chapitre, faites une description aussi complète que possible de l'homme au monocle.
2. Maintenant, décrivez le costume que vous portiez la dernière fois que vous vous êtes déguisé(e).

F. *Vous avez remarqué une personne suspecte dans un magasin. Imaginez le dialogue entre vous et le détective qui vous pose des questions.*

G. *Que mangez-vous pour votre petit déjeuner?*

Chapitre 4

Trois dossiers ouverts

À 7 heures 30, le lendemain matin, le com- le dossier *(office)* file
missaire Descotaux frappait à la porte des frapper *to knock*
Gagnon.

« Il est rentré?

5 — Hélas, non, répondit le père, nous n'avons
aucunes nouvelles! Mais entrez, Monsieur le
Commissaire. . . Entrez, je vous en prie.

— Et vous, demanda la mère, qui, on le
voyait, n'avait guère dormi, est-ce que vous
10 . . .?

— Vous savez, hier soir, on ne pouvait pas
faire grand-chose. On n'a eu son signalement
à aucune frontière, à aucun aéroport ni aux
gares. Maintenant, c'est différent, on va pou-
15 voir. . .

— Monsieur le Commissaire, interrompit
Monsieur Gagnon, hier soir ma femme a oublié de vous raconter un incident qui s'est passé
à la boutique dans l'après-midi. C'est sans
20 doute sans importance, mais on ne sait jamais! »

Après avoir entendu l'histoire de l'homme
au monocle, le commissaire appela le Château Frontenac: aucun client ne correspondait
25 à cette description.

« Monsieur Gagnon, reprit-il, allez à votre
banque maintenant et faites-moi parvenir la   faire parvenir *to send*
liste que je vous ai demandée. Je serai à mon
bureau, à ce numéro.

30   — Et bien moi, ajouta la mère, je reste ici,
je n'ouvre pas la boutique.

— C'est une bonne idée, Madame, il faut que
quelqu'un reste près du téléphone.

— Moi, je peux rester, s'écria Marie-France.
35 Je n'ai pas envie d'aller à l'école!

— Au contraire, Mademoiselle, parlez avec
vos amies, il y en a sûrement qui connaissent
votre frère, essayez de savoir s'il y a quelque
chose qui nous échappe. Moi, j'ai déjà pré-   prévenir *to notify*
40 venu mon meilleur détective, je le rappelle et
il sera au Séminaire en même temps que les
élèves. »

Revenu à son bureau le commissaire continua à penser à cette étrange disparition. Il ne
45 voulait pas abandonner complètement l'idée
de la fugue avant d'avoir le rapport de Davois, l'inspecteur qu'il venait d'envoyer au
Séminaire. Malgré lui, l'image de l'homme au
monocle le poursuivait. Il appela la Centrale
50 de Montréal et leur donna son signalement.
C'est peu après que Monsieur Gagnon téléphona.

« Et bien, depuis la mi-juin, je n'ai refusé
que trois prêts. Vous croyez vraiment qu'il y a
55 un rapport avec la disparition de mon fils?

— Je n'ai pas dit cela, je veux simplement
ne rien laisser dans l'ombre. Donnez-moi les   l'ombre (*f.*) *shadow*
noms et les adresses.

— Et bien, il y a un certain Montclair qui
60 habite à Beauport, Monsieur Laval de Sainte-
Foy et une Mademoiselle Romain de Lauzon,
vous savez de l'autre côté de la rivière. »

65 Après avoir donné au commissaire les adresses exactes de ces trois personnes, Monsieur Gagnon raccrocha. Il resta un moment, immobile, à contempler les trois dossiers ouverts devant lui. Sans même savoir si tout cela avait un rapport quelconque avec la disparition de Jean, il se prenait à regretter de n'a-70 voir pas accordé à ces trois personnes les quelques milliers de dollars qu'ils voulaient emprunter.

raccrocher *to hang up (the phone)*

quelconque *whatsoever*
se prendre (à) *to begin (to)*
le millier *(about a) thousand*

« Si j'avais su! Après tout, pour la banque, $10 000 ou même $100 000, qu'est-ce que 75 c'est! »

Exercices

A. *Choisissez la proposition qui complète le mieux la phrase:*

1. Madame Gagnon n'a guère dormi parce qu'elle
   (a) n'était pas fatiguée.
   (b) était très inquiète.
   (c) avait trop mangé.

2. Elle avait oublié de raconter au commissaire
   (a) l'histoire de son fils.
   (b) un accident dans sa boutique.
   (c) la visite de l'homme au monocle.

3. Madame Gagnon ne va pas ouvrir sa boutique aujourd'hui
   (a) pour rester près du téléphone.
   (b) parce qu'elle n'a pas assez dormi.
   (c) pour être avec sa fille.

4. C'est le meilleur détective du commissaire Descotaux qui
   va
   (a) aller à la banque avec Monsieur Gagnon.
   (b) aller au Séminaire poser des questions aux élèves.
   (c) donner le signalement de l'homme au monocle.

5. Depuis la mi-juin, Monsieur Gagnon a refusé des prêts à
   (a) deux femmes et un homme.
   (b) deux hommes et une femme.
   (c) trois hommes.

6. Après avoir parlé avec Descotaux, le père de Jean Gagnon
   (a) regrette d'avoir refusé ces prêts.
   (b) regrette de lui avoir téléphoné.
   (c) est heureux de son idée.

B. *Qui est responsable? Dites qui, de la colonne de gauche, est respon-*
   sable des actions de la colonne de droite. Dites ensuite pourquoi vous
   aimeriez ou n'aimeriez pas ce métier:

1. le pompier	a. construire une auto
2. l'écrivain	b. soigner les malades
3. le docteur	c. enseigner aux élèves
4. l'ouvrier (l'ouvrière) d'usine	d. cultiver le jardin
5. le jardinier	e. écrire des livres
6. le cuisinier (la cuisinière)	f. éteindre les incendies
7. l'employé(e) de banque	g. faire le dîner
8. le (la) secrétaire	h. couper les cheveux
9. le professeur	i. écrire des lettres
10. le coiffeur (la coiffeuse)	j. toucher des chèques

C. *Savez-vous compter?*

   1. Vous avez acheté 10 livres. Trois coûtent $12 chaque; deux
      coûtent $15 et cinq coûtent $10. Combien avez-vous dé-
      pensé?

   2. Vous empruntez $10 000 à 12% d'intérêt. Combien devez-
      vous payer d'intérêt après un an?

   3. Au supermarché, vous avez acheté deux kilos de cerises à
      $3.00 le kilo et deux bouteilles de limonade qui coûtent
      $2.00 chaque. Combien avez-vous dépensé?

   4. Vous rendez vos trois livres en retard à la bibliothèque.
      Combien devrez-vous payer puisque vous êtes en retard de
      sept jours et l'amende est de 50¢ par jour et par livre?

D. *Les moyens de locomotion. Dites comment vous allez à l'endroit de votre choix et combien de temps vous mettrez:*

1. en France	a. à vélo
2. à Rio de Janeiro	b. en avion
3. à Miami	c. en auto
4. au cinéma	d. à pied
5. au Portugal	e. en taxi
6. au supermarché	f. en bus
7. au stade	g. en bateau
8. à Québec	

E. *Quelqu'un que vous connaissez bien a disparu. Vous donnez son signalement à la police.*

F. *On joue! Le jeu des portraits. Un(e) élève de la classe doit sortir. Vous choisissez une personne présente ou non et l'élève doit deviner qui c'est en posant vingt questions sur son signalement. Attention, la classe ne peut répondre que par* oui *ou* non.

Chapitre 5

Pas de temps à perdre

Le commissaire Descotaux et l'inspecteur Davois se retrouvèrent pour déjeuner à la terrasse des Vieux Canons.* Il était midi. Le commissaire avait l'air soucieux.

5   « Cette affaire ne me dit rien de bon! Dites-moi un peu ce que vous avez trouvé.

— Pas grand-chose! Jean Gagnon a l'air d'un garçon très normal, bon élève, équilibré. Ses profs l'estiment beaucoup et il a l'air d'avoir
10 pas mal d'amis. D'après le directeur du Séminaire sa famille est sans histoires. Pas du tout le profil d'un gamin qui ferait une fugue!

— Oui, c'est bien ce que j'avais peur d'entendre! Ça confirme mes soupçons.

15   — Vous avez une idée?

— Écoutez: le père du gosse travaille à la Banque de Montréal. C'est lui qui accorde ou refuse les prêts. Récemment, il refuse trois clients. Ce matin, je suis allé en voir deux et
20 j'ai envoyé votre collègue Jeannot voir le troisième.

soucieux (f. soucieuse) *worried*

le gamin (*colloquial*) *boy, lad*

le soupçon *suspicion*

le gosse (*colloquial*) *kid*

*Restaurant in Quebec City.

26

— Et alors?

— Et bien, le premier, un certain Laval, pas
de problème: il s'était mis en tête de faire des
25 transformations chez lui. D'après ce que m'a
dit sa femme, il est assez souvent au chômage   le chômage *unemploy-*
et donc il n'y a rien de drôle à ce que la   *ment*
banque lui refuse l'argent. La brave dame
avait même l'air soulagée.   soulagé *relieved*
30   — Et les autres?

— Jeannot est allé à Lauzon chez une de-
moiselle Romain qui voulait s'acheter une
maison. Son salaire était insuffisant et donc,
là encore, rien d'étonnant. Non, c'est le troi-
35 sième qui m'inquiète. Il s'appelle Montclair et
il habite à Beauport. Quand j'y suis allé, un
immeuble plus que modeste d'ailleurs, il n'é-
tait pas là, mais j'ai pu voir une de ses voi-
sines. Et bien, figurez-vous, mon vieux, que ce
40 Montclair a déménagé! Vous savez quand?   déménager *to move*
Hier soir! Il y a quatre mois qu'il était ici, ni   *(out)*
bonjour ni bonsoir à personne.

— Et où est-il allé?

— Ben, justement, c'est bien ça le hic. . . Il   le hic *(colloquial)*
45 est parti sans laisser d'adresse!   *problem*

— Hum. . . Je vois! Bien sûr. . . C'est une
piste plus logique que. . .

— Quoi? Vous avez une idée? Vous ne
m'avez pas tout raconté sur votre visite à
50 l'école du gosse?

— Si, mais, c'est quelque chose qu'un de ses
copains m'a dit. C'est complètement idiot
mais. . .

— Dites toujours, mon vieux, arrêtez de   toujours *here: anyway*
55 tourner autour du pot! On n'a pas de temps à   tourner autour du pot
perdre, cette histoire ne me plaît pas du tout!   *(colloquial) to beat*
                                                   around the bush
— C'est dimanche prochain, il y a un match
de foot entre le Séminaire de Québec et l'école

secondaire de Sainte-Foy... et il paraît que
60 Jean Gagnon est le meilleur joueur de l'é-
quipe.

— C'est ridicule! Voyons! Vous allez trop
souvent au cinéma! C'est un match d'amateurs... Et même si c'était la Coupe du
65 Monde!

— Je sais bien, mais quand même, on ne sait
jamais!

— Oui, bien sûr, reprit le commissaire, pen-
sif, vous avez raison, on ne sait jamais! Un en-   l'entraîneur (*m.*) *coach*
70 traîneur mauvais perdant un pari, un joueur   le pari *bet*
pour qui il est absolument essentiel de ga-
gner... même une ville qui a un enjeu   l'enjeu (*m.*) *stake*
caché!... On a vu des choses plus drôles qui
ne sont jamais arrivées!
75 — Écoutez, patron, arrêtez de vous moquer
de moi!

— Mais non, je ne me moque pas! En ré-
alité, c'est vous qui avez raison... Allez à
Sainte-Foy. Dans notre métier, il faut tout en-   envisager *to consider*
80 visager. Moi, je retourne au bureau, je dois
absolument retrouver la trace de ce fameux
Montclair. »

Exercices

A. Vrai ou faux? Dites si la phrase suivante est vraie ou fausse. Si elle est fausse, donnez la bonne réponse:

1. Jean Gagnon a beaucoup d'amis à l'école. ✓
2. Le commissaire Descotaux n'est pas inquiet au sujet de Jean. ⨍

3. Jean Gagnon a le profil d'un jeune garçon qui ferait une fugue. _✗_
4. Monsieur Laval et Mademoiselle Romain sont suspects pour le commissaire. _✗_
5. Monsieur Montclair est suspect parce qu'il a déménagé la veille. _✓_
6. L'école de Jean Gagnon joue au basketball contre une école de Sainte-Foy. _✗_
7. Jean Gagnon n'est pas très bon en football. _✗_
8. Dans le métier de détective, il faut envisager toutes les éventualités. _✓_

B. *Au restaurant:*

1. Établissez un menu type d'un restaurant de votre choix. Décidez des prix.
2. Commandez et payez.
3. Vous pouvez ensuite échanger les menus avec les autres étudiants de votre classe. Jouez le rôle du serveur ou de la serveuse.

C. *Vous voulez déménager et vous êtes en train de visiter un appartement avec l'agent immobilier qui veut vous le louer. Complétez le dialogue suivant en utilisant le vocabulaire proposé:*

baignoire étroite	pas de vue	sombre
bruyant	petit	vieille cuisinière
cher		

L'AGENT IMMOBILIER: Comme vous voyez, c'est absolument charmant.
VOUS: _____
L'AGENT IMMOBILIER: Mais non, pas du tout, les fenêtres donnent sur la cour! Regardez, il y a cinq pièces, y compris deux chambres à coucher.
VOUS: _____
L'AGENT IMMOBILIER: Mais non! Les pièces sont grandes. Tenez, voilà la cuisine, vous voyez, elle est belle.
VOUS: _____

L'AGENT IMMOBILIER: Oui, mais le four à micro-ondes est des plus modernes! Ah, voilà la salle de bains.

VOUS: _____

L'AGENT IMMOBILIER: Vous savez, tout ne peut pas être parfait! Quand même, c'est un très bel appartement.

VOUS: _____

L'AGENT IMMOBILIER: Mais non! Et puis, pensez au prix!

VOUS: _____

L'AGENT IMMOBILIER: C'est vraiment difficile de vous plaire, mais venez, j'ai autre chose à vous montrer.

VOUS: _____

D. *Vous voulez faire des transformations chez vous (comme Monsieur Laval). Expliquez ce que vous allez faire. Donnez vos raisons. Estimez les frais. Où allez-vous trouver l'argent? Qui fera les travaux?*

E. *Votre quartier:*

1. Décrivez votre rue, les immeubles ou les maisons qui vous entourent.
2. Parlez à la classe de deux ou trois de vos voisins, comment ils sont, où vous les rencontrez, ce qu'ils font.
3. Racontez une anecdote de votre quartier ou de votre rue.

F. *Au match de foot: football américain ou football européen? Si vous pouvez répondre aux questions suivantes, bravo!*

1. Aux USA, quelle est la saison du football américain? Et européen?
2. Il y a combien de joueurs dans une équipe, pour les deux sports?
3. Comment est le ballon? Est-ce le même pour les deux sports?
4. Quel est le principe du jeu pour chacun?
5. Quel est l'uniforme traditionnel pour les deux?
6. Pouvez-vous nommer une équipe américaine pour les deux sortes de football?

Chapitre 6

Nouvelle surprise

Quand le commissaire revint à son bureau il se fit apporter un petit café bien serré, comme savait le faire Jeannot, qui avait été garçon de café à Paris dans sa jeunesse. Le 5 téléphone sonna, c'était la Centrale de Montréal.

le café bien serré *very strong coffee*

« C'est vous qui recherchez un certain Montclair?

— Oui, c'est moi. Vous l'avez retrouvé?

10 — Oui, il est à Toronto. C'est là qu'il habite apparemment.

— Il travaille?

— Oui, il est réceptioniste à l'Hôtel du Centre depuis douze ans.

15 — Savez-vous pourquoi il est venu à Québec?

— D'après son patron, il avait décidé de se mettre à son compte.

se mettre à son compte *to open one's own business*

— Il voulait ouvrir un hôtel à Québec?

20 — Oui, c'est ça. Il paraît qu'il avait d'abord demandé à son patron de lui prêter l'argent et l'autre a refusé.

— Je le comprends! Il faut une drôle de somme pour se mettre dans l'hôtellerie! Alors,

25 quand on lui a refusé le prêt, il a abandonné
son idée?

— C'est ça. Il est rentré hier matin et il a re-
pris son travail. En tout cas, son patron répond de lui. Vous voulez qu'on vous l'amène?

30 — Non, ce n'est pas la peine, laissez tomber
pour le moment, et, merci! »

Le commissaire se sentit découragé. Sa seule
piste s'évanouissait... Mais le téléphone
sonna de nouveau. C'était un des policiers de

35 l'aéroport de Montréal.

« Commissaire Descotaux?

— Lui-même.

— C'est vous qui avez donné le signalement
d'un homme qui portait un monocle et un

40 costume sombre?

— Oui, vous l'avez vu? C'est très important!

— C'est à dire qu'il y a eu une altercation
entre un homme qui répond à ce signalement
et une employée du comptoir de location de

45 voitures.

— Quelle sorte de problème?

— Écoutez, c'était il y a quelques jours, je
n'étais pas de service mais je vais vous passer
la jeune fille en question. Mademoiselle, voici

50 le commissaire:

— Allô, Mademoiselle? Ici Pierre Descotaux.

— Oui, allô?

— C'est vous qui avez loué une voiture à un

55 homme qui portait un monocle et un costume
sombre?

— Oui, c'est moi, répondit la jeune fille, au
bord des larmes... Je sais bien que je n'aurais pas dû...

60 — Qu'avez-vous? Qu'est-ce qui s'est passé?

— J'ai hésité, Monsieur le Commissaire, je

s'évanouir *here: to vanish*

ne voulais pas vraiment lui louer la voiture, mais. . .

— Pourquoi avez-vous hesité? À cause de son
65 apparence?

— Non, ce n'est pas ça, c'est que sur son permis de conduire, la photo. . . Elle ne lui ressemblait pas vraiment!

le permis de conduire *driver's licence*

— Vous voulez dire que cette personne n'é-
70 tait pas la même que sur le permis?

— C'est que, Commissaire, je ne suis pas sûre, il m'a semblé. . . Je l'ai bien regardé et c'est là qu'il s'est mis à crier! Il m'a dit d'arrêter de le dévisager comme ça, qu'il avait
75 vieilli, que tout le monde changeait, que moi aussi un jour. . .

vieillir *to grow old*

— Le bruit n'a ameuté personne?

ameuter *to arouse*

— Non, il y avait tellement de monde, les gens riaient, ils ont cru qu'on plaisantait. . . Et
80 moi, je n'ai pas osé insister! Je sais que je n'aurais pas dû. . .

plaisanter *to joke*

— Il a rendu la voiture?

— Pas en personne, on l'a retrouvée au parking, hier soir, mais ça n'avait pas d'im-
85 portance, il avait déjà signé sa carte de crédit.

— Vous vous souvenez de son nom? Vous avez son adresse?

— Oui, je l'ai là, devant moi. . . Le nom, c'est Touchard, il vient de Larose, en Louisiane.

90   — C'est bien, merci, Mademoiselle, ne vous inquiétez pas, vous n'avez rien fait de mal. Je vous rappellerai si j'ai d'autres questions. »

Le commissaire raccrocha pensivement. Larose, la Louisiane. . . Quel rapport avec Jean
95 Gagnon? Pourtant, c'était sa seule piste, alors il appela Monsieur Gagnon à la banque. La réponse fut surprenante.

« Larose? Vous dites Larose, en Louisiane?

Non, je n'y suis jamais allé mais ma femme y
100 a des cousins.

— Des cousins! Des cousins germains?   le cousin germain *first*
        cousin

— Non, des cousins très éloignés, mais vous
savez, c'est à elle qu'il faut demander. Moi, je
ne pourrai pas vous renseigner.

105   — Je pars. Prévenez-la que j'arrive, dites-lui
de rassembler ses souvenirs. »

Au volant de sa voiture le commissaire se dit   le volant *steering*
que cette enquête était décidément pleine de   *wheel*
surprises.

Exercices

A. Choisissez la proposition qui complète le mieux la phrase:

1. Jeannot, le garçon, avait appris à faire un bon café à
   (a) Paris.
   (b) Montréal.
   (c) Québec.

2. Montclair travaille
   (a) dans un hôtel de Montréal.
   (b) à la Centrale de la police de Toronto.
   (c) dans un hôtel de Toronto.

3. Montclair voulait emprunter de l'argent pour
   (a) ouvrir son propre hôtel.
   (b) le donner à son patron.
   (c) travailler à l'Hôtel du Centre.

4. L'homme au monocle a voulu
   (a) louer une auto à l'aéroport de Montréal.
   (b) ne pas vieillir.
   (c) garder son permis de conduire dans sa poche.

5. Quand il y a eu l'altercation entre l'homme au monocle et l'employée de l'agence de location de voitures, les gens ont
   (a) crié.
   (b) ri.
   (c) pris parti pour la jeune fille.

6. L'homme au monocle s'appelle
   (a) Larose.
   (b) Touchard.
   (c) Montclair.

7. La famille Gagnon
   (a) ne connaît personne en Louisiane.
   (b) a des amis en Louisiane.
   (c) a des cousins en Louisiane.

8. Le commissaire Descotaux pense que cette enquête est de plus en plus
   (a) amusante.
   (b) dangereuse.
   (c) surprenante.

B. *À l'hôtel. Vous êtes client dans un hôtel. Complétez ce dialogue entre le réceptioniste et vous-même:*

RÉCEPTIONISTE: Oui, bonsoir, vous désirez?
VOUS: _____
RÉCEPTIONISTE: Pour combien de personnes?
VOUS: _____
RÉCEPTIONISTE: Oui, et, pour combien de nuits?
VOUS: _____
RÉCEPTIONISTE: Bien, alors, voilà la chambre numéro 27.
VOUS: _____
RÉCEPTIONISTE: Au troisième étage.
VOUS: _____
RÉCEPTIONISTE: Très bien, voilà votre clef.
VOUS: _____

C. *À son compte. Les deux personnes suivantes sont employées et veulent se mettre à leur compte. Pour chacune, répondez aux questions qui suivent:*

a. Marc fait la cuisine dans un petit restaurant parisien.
b. Chantal vend des fleurs chez un fleuriste du quartier.

1. Local idéal.
2. Emprunt à la banque.
3. Employés à trouver.
4. Comment meubler l'endroit.
5. Achats pour ouvrir la boutique.
6. Décrivez le jour de l'ouverture.

D. *Racontez (ou inventez) une dispute que vous avez eue avec quelqu'un dans un lieu public.*

E. *Trouvez, dans la liste suivante, ce qu'il faut avoir pour louer une voiture:*

18 ans	une carte de sécurité	un permis de conduire
de l'argent	sociale	une photo
un avocat	une lettre de	un sac
une carte de crédit	recommandation	

F. *Géographie / Histoire. Cherchez dans votre bibliothèque une carte de la Louisiane et répondez aux questions:*

1. Nommez les états qui l'entourent.
2. Quelle forme a la Louisiane?
3. Quelle en est la capitale?
4. Quelle est la ville la plus grande?
5. Quelle est la ville la plus connue? Pourquoi?
6. Trouvez au moins dix villes avec des noms français.
7. Cherchez l'origine du nom «Louisiane».
8. Cherchez pourquoi il y a tant de noms français en Louisiane et pourquoi les gens parlent français.

Chapitre 7

Un voyage imprévu

Quand le commissaire arriva, Madame
Gagnon l'attendait sur le pas de la porte.

le pas de la porte *threshold*

« Qu'est-ce que mes cousins ont à voir avec
la disparition de Jean?

5 — Je n'en sais rien, Madame. »

Le commissaire lui raconta sa conversation
avec la jeune fille de l'aéroport.

« Touchard? Touchard? dit-elle pensivement, non, je ne connais pas du Touchard.

10 Mon cousin s'appelle Legendre, Bob Legendre.

— Qu'est-ce qu'il fait?

— Je crois qu'il est dans la pêche, oui, c'est

la pêche *fishing*

ça, la pêche à la crevette. Vous savez, je le

la crevette *shrimp*

connais très peu, j'ai dû le rencontrer une fois

15 dans ma vie, on avait tous les deux quatre ou
cinq ans... Je crois que depuis quelques an-
nées sa femme est malade. On s'écrit au jour

le jour de l'An *New Year's Day*

de l'An, c'est tout.

— D'où vient cette parenté?

la parenté *kinship*

20 — Mon arrière-arrière grand-mère et celle
de Bob étaient cousines germaines. Vous voyez
que cela remonte loin! La famille venait

d'Acadie*, je crois, une branche est venue ici
alors que l'autre s'est installée en Louisiane.

25   — Y avait-il de l'argent dans la famille?

        — Je ne pense pas, ils étaient fermiers.   le fermier *farmer*

        — Écoutez, c'est notre seule piste. Je vais
partir pour la Nouvelle Orléans. C'est quand
même une coïncidence bizarre: l'homme au
30 monocle qui vous dévisage vient de Larose où
vous avez des cousins. . . »

        À ce moment le téléphone sonna. C'était
Davois qui essayait de joindre le commissaire.

35   « Vous aviez raison, patron: j'ai vu l'entraîneur de l'équipe de foot de Sainte-Foy, j'ai
parlé au directeur, j'ai vu les joueurs, ce sont
des gamins! La moyenne d'âge est de quinze à
seize ans!

40   — Tant mieux Davois, tant mieux! Vous
voyez, malgré mon métier j'ai gardé confiance
en l'espèce humaine et je suis plein d'espoir
pour l'avenir de la race! . . . À propos, je pars   l'avenir (*m.*) *future*
pour la Louisiane.

45   — Où?

        — À la Nouvelle Orléans. . . »

        Le commissaire raconta à un Davois stupé-
fait les rapports entre l'homme au monocle et
le village où se trouvait un cousin de la mère
50 de Jean.

        « Alors, vous voyez, mon vieux, la coïnci-
dence est vraiment trop bizarre!

        — Oui, c'est sûr! Vous partez quand?

        — Justement, j'allais vous appeler, soyez
55 gentil, appelez l'aéroport et réservez-moi une
place dans le prochain vol pour la Nouvelle

*17th and 18th century French colony consisting
principally of what is now Nova Scotia.

Orléans. Je file à la maison chercher des affaires. »

filer (colloquial) to go by (quickly)

Le commissaire partit après avoir essayé de
60 rassurer la pauvre mère qui semblait dépassée par les événements.

dépassé overwhelmed

Pendant qu'il préparait le départ du commissaire, Davois pensa, un peu amèrement, que c'était toujours pareil: lui, il allait à
65 Sainte-Foy. . . Les grands voyages, c'était toujours pour le patron! Mais il fallait bien admettre aussi qu'en tant que célibataire il était plus facile à Descotaux de s'absenter qu'à lui. . . père de quatre enfants.

amèrement bitterly

le patron boss
le/la célibataire single person

70 Le vol était à 18 heures. Davois avait prévenu le shériff de Thibodaux qui devait venir chercher le commissaire à son arrivée. Le voyage fut sans histoires. Descotaux était fatigué et il décida de dormir bien que le film
75 projeté dans la cabine ait été un film policier. Il s'adossa au fauteuil et s'endormit aussitôt. Il rêva bientôt qu'il était poursuivi par une crevette géante qui portait un monocle.

s'adosser to lean back against
rêver to dream

Exercices

A. Vrai ou faux? Dites si la phrase suivante est vraie. Si elle est fausse, donnez la bonne réponse:

1. Le cousin de Madame Gagnon s'appelle Touchard. F
2. Il est pêcheur de crevettes. V
3. Elle le connaît très bien. F
4. La famille, à l'origine, vient d'Acadie. V
5. C'était une famille de fermiers. V
6. Le commissaire Descotaux part à la Nouvelle Orléans. V
7. Descotaux est marié et il a quatre enfants. F

8. Le vol du commissaire est à 6 heures du soir. ✓
9. Dans l'avion, Descotaux s'est endormi. ✓
10. Il a rêvé qu'il était poursuivi par l'homme au monocle.

une crevette avec monocle F

B. Parenté. D'où vient votre famille? Parlez de vos ancêtres, si vous le pouvez. Faites votre arbre généalogique.

Mes parents vient de Hong Kong. Mes grand-parents ont immigré à Hong Kong, et ils vient de Chine.

C. L'Acadie. Faites des recherches sur ce qui s'est passé en Acadie et sur l'exode qui a suivi.

D. À l'aéroport. Vous faites un voyage. Dites à la classe:

1. Où vous allez.
2. Le nom de la compagnie d'aviation.
3. Le numéro de votre vol.
4. L'heure du départ.
5. La porte d'embarquement.
6. L'heure d'arrivée.

E. Regardez le tableau suivant et posez des questions à la classe sur la destination, le numéro de vol, l'heure du départ et la porte d'embarquement:

DESTINATION	VOL	PORTE D'EMBARQUEMENT	HEURE DU DÉPART
MADRID	45	33	17:00
TORONTO	642	12	8:45
PARIS	114	46	11:30
RIO DE JANEIRO	34	7	14:15
LOS ANGELES	6	22	10:00

F. Les rêves:

1. Essayez d'expliquer le rêve du commissaire dans le vol qui l'amène à la Nouvelle Orléans.
2. Racontez un de vos rêves. Expliquez-le si vous le pouvez.

G. Comprenez-vous l'heure? En France, 6:00, c'est le matin; 18:00, c'est 6 heures du soir. Dites ce que c'est que:

1. 21:00
2. 23:30
3. 22:00

4. 15:15
5. 13:00

6. 20:00
7. 19:20

Chapitre 8

Au pays cajun

Le commissaire Descotaux fut accueilli à
l'aéroport de la Nouvelle Orléans par le shériff Leblanc de Thibodaux, près de Larose,
dans la paroisse de Lafourche. Le shériff s'ex-
5 primait très facilement en français, ce qui
étonna le commissaire.

« C'est qu'ici vous êtes au pays cajun! Nous
sommes tous plus ou moins des descendants
des Acadiens, vous savez.

10 — Et tout le monde est bilingue?

— Non, pas vraiment, surtout chez les
jeunes! Les traditions se perdent, mais nous,
les plus vieux, on parle français et créole. »

Le commissaire et le shériff s'étaient dirigés
15 vers une voiture de police qui attendait devant l'aéroport. Ils partirent aussitôt pour Larose, à 45 minutes à peu près au sud-ouest de
la Nouvelle Orléans.

« Alors, dites-moi, demanda le shériff,
20 qu'est-ce qui vous amène dans notre paroisse?
Au téléphone, votre secrétaire a été très vague.

— C'est une histoire bizarre, la disparition
d'un jeune garçon de seize ans.

— À Québec?

accueillir *to welcome*

la paroisse *parish (in
Louisiana: county)*

bilingue *bilingual*

44

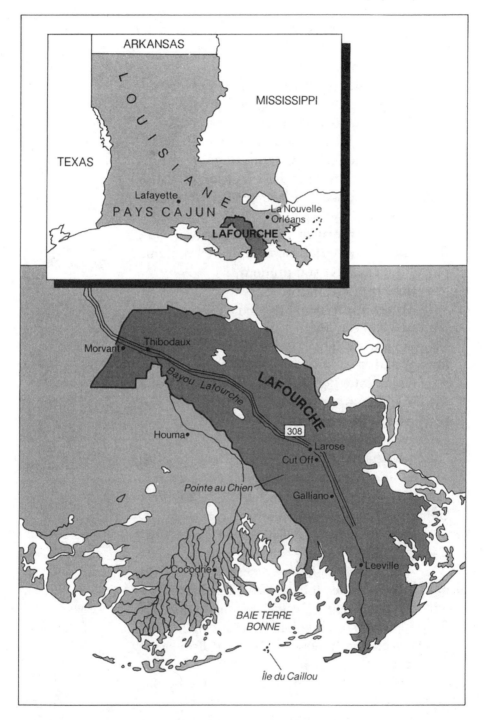

25   — Oui, hier après-midi, il a disparu à la
sortie de l'école.
   — Ce n'est pas une fugue?
   — On ne sait pas, bien sûr, mais j'en doute.
   — Et quel est le rapport avec Larose?
30   — Et bien, c'est une histoire étrange. . .»
Et le commissaire raconta au shériff la visite à la boutique de Madame Gagnon et l'incident à l'aéroport, tous deux mettant en cause
l'homme au monocle et l'existence d'un cousin
35 de la famille à Larose.
   « Attendez, reprit le shériff, Legendre? Oui,
il y a un Legendre dans le coin, il y en a même   le coin *(colloquial)*
plusieurs. Quel est son prénom?   *neighborhood*
   — Bob. Bob Legendre.
40   — Ah oui, je le connais bien, le pauvre, sa
femme vient de mourir il y a quelques semaines. Mais enfin, elle est morte après une
longue maladie.
   — Oui, c'est bien ça, la mère du gosse qui a
45 disparu m'avait dit que la femme de son
cousin était malade, c'est bien lui. C'est quel
genre d'homme, ce Legendre?
   — Rien de spécial, très ordinaire, je crois
que ses affaires marchent mal, il était dans la
50 crevette. Il vient de déménager, il habite à
Galliano depuis quelques mois.
   — Hum, je vois. . . Et Touchard? Ça vous dit
quelque chose?
   — Touchard? À Larose? Ben, c'est à dire
55 qu'il y a bien le docteur Touchard qui tra-
vaille à la maison de retraite, mais il n'a pas   la maison de retraite
quitté la Louisiane, je l'ai vu avant-hier.   *retirement home*
   — Est-ce que le docteur Touchard porte un
monocle?
60   — Un monocle? Non, il ne porte même pas
de lunettes. . . Pourquoi demandez-vous cela?
   — Vous vous souvenez, l'histoire que je

viens de vous raconter? Le type, vous savez,
celui de la boutique et de l'aéroport, il portait
65 un monocle.

— Ah oui, c'est vrai, c'est que, ici, justement, à cette même maison de retraite, il y a
un pensionnaire qui porte toujours un mono-   le pensionnaire
cle!   *boarder*
70 — Un pensionnaire? Vous voulez dire une
personne âgée?

— Non, pas du tout, c'est un pauvre type,   le pauvre type *poor*
qui s'appelle Morin; on le garde ici parce qu'il   *guy*
n'y a pas de place à l'asile de Houma.
75 — Vous voulez dire qu'il est... dérangé?   dérangé *(mentally) un-*
— Oui, on peut dire ça... En tout cas, il ne   *balanced*
parle pas! Je ne l'ai jamais entendu dire un
mot. Et maintenant que j'y pense, c'est vrai,
Morin avait disparu depuis plusieurs jours...
80 Tenez, on l'a justement retrouvé ce matin, à la
Pointe au Chien, de l'autre côté du Bayou Lafourche. »

En s'installant dans la chambre d'hôtel que
le shériff lui avait réservée, le commissaire
85 Descotaux eut la très nette impression que son
intuition avait été la bonne: il n'était pas venu
ici pour rien!

Exercices

A. Choisissez la proposition qui complète le mieux la phrase:

1. Le shériff Leblanc parle bien le français parce qu'il
   (a) l'a appris à l'école.
   (b) le parle avec les jeunes.
   (c) vit dans un pays francophone.

2. Larose est à
   (a) 45 kilomètres de la Nouvelle Orléans.
   (b) 45 miles de la Nouvelle Orléans.
   (c) 45 minutes de la Nouvelle Orléans.

3. La femme de Bob Legendre
   (a) vient de mourir.
   (b) est très malade.
   (c) a disparu.

4. Bob Legendre habite maintenant à
   (a) Larose.
   (b) Lafourche.
   (c) Galliano.

5. Il y a un Touchard qui
   (a) est docteur.
   (b) est âgé.
   (c) porte des lunettes.

6. Morin, un pensionnaire de la maison de retraite,
   (a) est âgé et porte un monocle.
   (b) est dérangé et porte un monocle.
   (c) est âgé et porte des lunettes.

7. Morin
   (a) ne rit jamais.
   (b) ne parle jamais.
   (c) ne disparaît jamais.

8. Morin avait disparu pendant plusieurs
   (a) mois.
   (b) semaines.
   (c) jours.

B. Une bonne raison. *Vous mettez une écharpe parce que vous avez froid, c'est l'hiver. Expliquez pourquoi vous*

1. portez des lunettes.
2. mettez un short.
3. enlevez votre anorak.
4. mettez des bottes en caoutchouc.
5. allez à l'hôpital.

6. téléphonez à l'aéroport.
7. allez chez le dentiste.
8. prenez votre radio.
9. mettez votre maillot de bains.
10. déménagez.
11. prenez une chambre d'hôtel.

C. *Vous allez à l'aéroport chercher quelqu'un que vous ne connaissez pas. Qu'avez-vous convenu avant pour pouvoir vous reconnaître mutuellement?*

D. *Qui est où? Faites correspondre les personnes de la colonne de droite aux endroits de la colonne de gauche:*

1. la maison de retraite	a. le bébé
2. la crèche	b. le pilote
3. l'université	c. le soldat
4. l'école maternelle	d. l'étudiant
5. l'usine	e. l'enfant de cinq ans
6. le bureau	f. la personne âgée
7. l'hôpital	g. l'ouvrier
8. la caserne	h. l'employé
9. l'avion	i. le docteur

E. *Géographie. En regardant la liste de droite, dites ce que sont les noms propres de gauche:*

1. Yosemite	a. un bayou
2. le Sahara	b. un fleuve
3. Lafourche	c. une mer
4. Dallas	d. un océan
5. le Pacifique	e. une chaîne de montagnes
6. la Seine	f. un désert
7. les Alpes	g. une ville
8. Larose	h. un village
	i. une banlieue
	j. un parc national

F. *Regardez la carte détaillée de la région de Louisiane qui nous intéresse. Trouvez:*

la Nouvelle Orléans	le Bayou Lafourche
Larose	Galliano
Houma	Thibodaux
la Pointe au Chien	Cocodrie

G. *Pays francophones? Dites lesquels, parmi les pays suivants, sont francophones:*

l'Algérie	le Chili	la Martinique
l'Australie	la Côte d'Ivoire	le Mexique
le Brésil	la Grande-Bretagne	le Portugal
le Canada	le Maroc	le Sénégal

Chapitre 9

La maison de retraite

Le lendemain matin le shériff vint chercher le commissaire Descotaux pour l'emmener à la maison de retraite. Il fut reçu par le docteur Touchard lui-même.

5 « Oui, c'est vrai, répondit le docteur à la question du commissaire, Morin nous a faussé compagnie dimanche après-midi, vers 3 heures.

— Et il vous a volé vos affaires?

10 — Oui, c'est exact. Il a pris mon costume, que j'enlève généralement quand j'arrive ici.

— Et tous vos papiers, je suppose?

— Mon portefeuille était dans la poche!

— Vous n'avez pas déclaré sa disparition au 15 shériff?

— Si, bien sûr, mais comme ce n'est pas la première fois qu'il disparaît, je n'ai pas trop voulu insister.

— Vous voulez dire que Morin s'est déjà 20 échappé?

— Oui, il y a six ou sept mois, il a disparu pendant cinq jours. On l'a retrouvé à la Nouvelle Orléans.

— D'après vous, Docteur, il est dangereux?

fausser compagnie *(colloquial) to give the slip*

enlever *to take off*

le portefeuille *wallet*

25 — Non, je ne le pense pas. C'est la raison pour laquelle je le garde ici; je suis persuadé que je peux l'aider, percer ce mur de silence qui semble l'isoler de la société.

— Dites-moi, comment est-il arrivé ici?

30 — Et bien, c'était l'année dernière, c'est le shériff, ici présent, qui nous l'a amené un jour. Il était dans un état de stupeur complète; nous avons essayé de le soigner à l'hôpital de Houma. Après quelques mois il n'y avait pas

35 de changement. J'ai pensé que ça lui ferait du bien d'être dans une semi-liberté. Ici, il n'y a pas grand monde, je le surveille, je ne désespère pas de voir à travers le traumatisme qui le rend muet.

soigner to cure

surveiller to watch

40 — Alors, continua le commissaire, se tournant vers le shériff, si je comprends bien, c'est vous qui l'avez trouvé? Racontez-moi un peu dans quelles circonstances ça s'est passé.

— Et bien, Commissaire, en effet, répondit

45 le shériff, c'était il y a douze ou treize mois, on avait eu un rapport par lequel il y avait un individu qui se cachait du côté de Cocodrie. Vous savez, c'est très facile de se cacher dans les bayous, ce sont des marécages, il y a des

50 centaines de chemins qui ne mènent nulle part.

le marécage marsh

mener to lead

— Il était dans quel état?

— Dans l'état de quelqu'un qui vivait comme fugitif dans les marais: il n'était pas

55 beau à voir, et, comme vous a dit le docteur, il ne parlait pas.

le marais marsh

— Vous n'avez pas essayé de savoir d'où il venait?

— Mais si, continua le shériff, on a réussi à

60 apprendre qu'il travaillait à Lafayette, dans un garage. J'ai même parlé au patron du garage. Il n'avait pas à s'en plaindre; il m'a simple-

se plaindre to complain

ment dit que Morin ne parlait guère, c'était le genre renfermé. C'est tout ce qu'on sait de lui.

65   — Quand il est allé à Québec, reprit le commissaire, il portait un monocle. Docteur, pouvez-vous me dire pourquoi? Ce n'est pourtant pas la dernière mode!

la mode *fashion*

— Je n'en sais rien. Il l'a toujours, soit sur
70 lui, soit dans sa poche. Je crois que ca le sécurise. Il y a très certainement une histoire attachée à ce mystère et je ne renonce pas à la connaître un jour! »

soit... soit *either... or*
sécuriser *to reassure*

Le commissaire comprit qu'il n'arriverait à
75 rien. Il lui fallait interroger Morin lui-même. Ensuite, il chercherait Bob Legendre, le cousin. Legendre connaissait-il Morin? Étaient-ils complices dans cette étrange affaire? Qui était vraiment Morin? Autant de questions qui, pour
80 l'instant, demeuraient sans réponse.

demeurer *to remain*

Exercices

A. Vrai ou faux? Dites si la phrase suivante est vraie. Si elle est fausse, donnez la bonne réponse:

1. Morin s'était échappé de la maison de retraite le dimanche après-midi. V
2. Il avait d'abord volé le costume du shériff. F *du docteur*
3. C'est la première fois que Morin disparaît comme cela. F
4. Le docteur pense que Morin n'est pas dangereux. V
5. C'est le shériff qui a trouvé Morin l'année précédente. V
6. Le docteur pense que personne ne peut aider Morin. F
7. C'est facile de se cacher dans les bayous. V
8. Morin avait travaillé dans un garage à Lafayette. V
9. Le patron du garage était mécontent de lui. F

10. Morin a toujours son monocle avec sur lui. F
11. À la fin de ce chapitre, le commissaire commence à tout comprendre. F

B. *Au commissariat de police. Votre portefeuille a disparu. Vous ne savez pas si vous l'avez perdu ou si on vous l'a volé. Vous allez au commissariat pour déclarer la disparition. Un détective vous interroge. Complétez le dialogue suivant:*

LE DÉTECTIVE: Votre nom et votre adresse, s'il vous plaît.
VOUS: ____
LE DÉTECTIVE: Pouvez-vous me décrire votre portefeuille et son contenu?
VOUS: ____
LE DÉTECTIVE: Quand vous êtes-vous rendu compte que vous ne l'aviez plus?
VOUS: ____
LE DÉTECTIVE: Avez-vous vu quelqu'un de suspect?
VOUS: ____
LE DÉTECTIVE: Pouvez-vous décrire cet individu?
VOUS: ____
LE DÉTECTIVE: Qu'avez-vous fait quand vous vous êtes rendu compte que votre portefeuille avait disparu?
VOUS: ____
LE DÉTECTIVE: Et l'individu en question, comment a-t-il réagi?
VOUS: ____
LE DÉTECTIVE: Et bien, je vais prendre votre déposition et on vous appellera si on retrouve soit le portefeuille, soit la personne que vous venez de décrire.
VOUS: ____

C. *Une bonne cachette? Les bayous, en Louisiane, sont une bonne cachette. Et chez vous? Dites où vous pourriez vous cacher si vous le vouliez et pourquoi ce serait une bonne cachette.*

D. *Sécurité? Morin semble être sécurisé par son monocle. Et vous, qu'est-ce qui vous sécurisait quand vous étiez jeune? Racontez-le à la classe.*

E. *Avez-vous de la mémoire? Pouvez-vous dire à la classe, sans regarder ce qu'il y a*

1. dans vos poches?
2. dans votre sac?
3. dans le tiroir de votre bureau, chez vous?
4. dans un des placards de la cuisine, chez vous?
5. aux murs de la classe (fermez les yeux)?

F. *Comment sont-ils? Après avoir regardé les adjectifs suivants, essayez de décrire les personnes de la liste qui suit:*

amusant	expansif	juste
avare	généreux	renfermé
égoïste	gentil	sévère
ennuyeux	injuste	tolérant
enthousiaste		

1. Vous-même.
2. Votre meilleur(e) ami(e).
3. Les membres de votre famille (père, mère, frère, sœur, etc.)
4. Votre professeur de français.
5. D'autres personnes de votre choix.

Chapitre 10

Apparence de glace

Quand Morin fut introduit auprès du commissaire, celui-ci eut du mal à reconnaître le
mystérieux étranger au monocle décrit par
Madame Gagnon. Il était vêtu d'un survête-
5 ment bleu et il n'avait certainement pas l'air
méchant. Il s'assit calmement, comme s'il ne
craignait rien. Le commissaire s'approcha de
lui et lui serra la main.

« Bonjour Monsieur Morin, je m'appelle
10 Pierre Descotaux, je voudrais parler un peu
avec vous, c'est possible? Vous voulez bien? »

Morin ne répondait pas, le commissaire
continua:

« Alors, vous avez quitté la Louisiane pen-
15 dant quelques jours? Dites-moi, vous êtes allé
où? À Québec, peut-être? »

Morin sortit de sa poche un petit objet que
le commissaire reconnu, c'était effectivement
un monocle, attaché à une sorte de cordon que
20 Morin se mit à enrouler et à dérouler sur l'un
de ses doigts. Le commissaire reprit:

« Vous ne voulez pas répondre? Je ne vous
veux aucun mal, vous voyez, j'ai besoin de

vêtu *dressed*
le survêtement *track-
suit*
méchant *mean*
craindre *to fear*
serrer la main *to
shake hands*

le cordon *cord, string*

votre aide, je cherche quelqu'un, oui, quel-
25 qu'un de Québec. »

Le commissaire regardait Morin dans les
yeux, guettant ses moindres réactions.

guetter *to watch, spy on*

« Jean Gagnon, vous connaissez? Dites-moi,
pourquoi êtes-vous allé à la boutique de la rue
30 Saint-Jean? »

Morin était sans réaction et si ce n'était cette
ficelle qui semblait vivre entre ses doigts, on
aurait pu le croire sans vie, amorphe. Le commissaire commençait à s'impatienter mais il
35 ne voulait pas perdre le contact avec Morin, si
contact il y avait. Il essaya de capter son regard mais l'autre regardait obstinément le
monocle qu'il tournait dans sa main gauche.

la ficelle *string*
amorphe *here: inert*

« Et Legendre? Vous connaissez Bob Le-
40 gendre, insista le commissaire, il est d'ici?
C'est de la famille de ce jeune homme que je
cherche, vous pouvez m'aider à le retrouver?
Et dites-moi, comment êtes-vous parti d'ici?
Et à l'aéroport de Montréal, vous vous êtes
45 bien débrouillé avec la jeune fille qui louait les
voitures! »

se débrouiller *to man-age*

Descotaux, qui regardait fixement Morin eut
l'impression de voir un léger sourire flotter sur
son visage. Ce fut l'effet d'une seconde, les
50 yeux, la bouche, reprirent leur apparence de
glace.

la glace *ice*

« Alors, vous ne voulez pas parler? Vous
savez, Jean Gagnon, et bien, il a disparu. . . Ses
parents sont très inquiets! Et vous, vous avez
55 de la famille? À Lafayette, vous aviez des
amis? Et vos parents? Vous pouvez imaginer
l'inquiétude de la mère de ce jeune homme. . .
Mais oui, vous la connaissez, vous êtes allé à
la boutique. . . Vous savez, rue Saint-Jean. »
60 Le commissaire avait l'impression de parler
à un mur. Le docteur le prit à part:

« Venez, ça ne sert à rien. Il sera plus récep-
tif ce soir, plus tard. »

Quand ils quittèrent le bureau, le commis-
65 saire se retourna. Morin n'avait pas bougé
mais il les regardait fixement à travers son
monocle et le commissaire fut frappé par la
dureté du regard bleu qui les suivait.   suivre *to follow*

Le shériff emmena le commissaire le long du
70 Bayou Lafourche. « Vous parliez de Bob
Legendre, et bien, il habite par là, du côté de
Galliano.

— Écoutez, j'aimerais aller voir ce Legendre maintenant. Que pouvez-vous me dire
75 exactement sur lui?

— Pas grand-chose. Avant, il avait une très
belle propriété par ici, de l'autre côté du ci-
metière, 140 arpents! Et puis, il y a quelques   l'arpent (*m.*) *acre*
mois, il a charrié.
80   — Charrié?

— Oui, c'est un mot cajun, ça veut dire
« déménagé ».

— Et donc, si je comprends bien, il habite
dans une maison plus petite et un endroit
85 moins désirable qu'avant?

— Oui, c'est ça, mais il faut dire qu'après la
mort de sa femme, et ses affaires qui marchent mal. . .

— Il a des enfants?
90   — Oui, une fille qui est mariée. Elle a quitté
la paroisse, elle est partie loin, très loin, au
Texas! »

Ils retournèrent à Thibodaux et le commis-
saire demanda s'il pouvait emprunter une des   emprunter *to borrow*
95 voitures mises à la disposition des policiers. Le
shériff décida de lui donner celle d'un dé-
nommé Chéramie qui n'eut pas l'air enchanté   enchanté *delighted*
du tout de voir sa voiture partir avec un Ca-
nadien! Mais, bien sûr, il ne pouvait guère re-   guère *hardly*
100 fuser!

Excercices

A. Choisissez la proposition qui complète le mieux la phrase:

1. Le commissaire a du mal à reconnaître Morin parce qu'il
   (a) n'a pas l'air mystérieux.
   (b) porte un survêtement bleu.
   (c) a l'air méchant.

2. L'objet que Morin sort de sa poche est
   (a) un gant.
   (b) une corde.
   (c) un monocle.

3. Le commissaire regarde Morin dans les yeux pour
   (a) l'aider.
   (b) guetter ses réactions.
   (c) le guérir.

4. Le commissaire veut montrer à Morin
   (a) qu'il est le chef.
   (b) qu'il est plus intelligent que lui.
   (c) qu'il connaît beaucoup de choses sur sa visite à Québec.

5. Dans ce chapitre, on apprend un détail physique sur Morin:
   (a) sa taille.
   (b) son poids.
   (c) la couleur de ses yeux.

6. « Charrier » veut dire: déménager. C'est
   (a) de l'argot.
   (b) du cajun.
   (c) du français.

7. Bob Legendre est devenu
   (a) moins riche qu'avant.
   (b) plus riche qu'avant.
   (c) aussi riche qu'avant.

8. Le commissaire va
   (a) emprunter une auto.
   (b) acheter une auto.
   (c) louer une auto.

9. Chéramie ne pouvait pas refuser de prêter sa voiture à Descotaux
   (a) parce qu'il le connaissait.
   (b) parce que c'est son chef qui le lui avait dit.
   (c) parce qu'il était très gentil.

B. *Des habitudes. Morin enroule et déroule la ficelle du monocle autour de ses doigts: il est nerveux. Et vous? Que faites-vous*

1. quand vous êtes nerveux?
2. avant un examen?
3. quand vous vous préparez pour sortir avec des copains/copines?
4. après un examen?
5. le vendredi soir?
6. quand vous devez faire quelque chose que vous n'avez pas envie de faire?

C. *Près ou loin?*

1. Est-ce que le Texas est vraiment très loin de la Louisiane?
2. Expliquez la réaction du shériff quand il parle du mariage de la fille de Bob Legendre.

Et vous?

1. Avez-vous l'intention d'aller à l'université? Irez-vous loin ou près de chez vous? Pourquoi?
2. Avez-vous l'intention de vivre dans la même ville que vos parents toute votre vie? Pourriez-vous vivre sur un autre continent qu'eux?
3. Avez-vous l'intention de vous marier un jour?

D. *L'an 2020. Imaginez votre vie en l'an 2020!*

E. Êtes-vous prêteur?

1. Faites une liste de toutes vos possessions.
2. Dites à la classe celles que vous prêteriez et celles que vous n'aimeriez pas prêter du tout.
3. Essayez d'expliquer pourquoi.

F. On déménage . . . encore! *Votre père travaille pour une compagnie internationale et il change souvent de pays ou de ville. Il vient de vous annoncer que vous devez, une fois encore, partir pour un autre endroit.*
Complétez le dialogue suivant:

VOTRE PÈRE: Tu verras, c'est une ville très intéressante.
VOUS: _____
VOTRE PÈRE: Mais nous sommes restés ici pendant deux ans!
VOUS: _____
VOTRE PÈRE: Les écoles sont excellentes où nous allons.
VOUS: _____
VOTRE PÈRE: Mais, tu te feras d'autres amis!
VOUS: _____
VOTRE PÈRE: Je sais que tu es très bien ici, mais je n'ai pas le choix!
VOUS: _____
VOTRE PÈRE: On emportera tous les meubles, bien sûr. Tu pourras reconstituer ta chambre, exactement pareille.
VOUS: _____
VOTRE PÈRE: Tu devrais aimer tous ces voyages, tu vois des pays différents, des gens intéressants, des paysages nouveaux!
VOUS: _____
VOTRE PÈRE: Oui, bien sûr, je te comprends!
VOUS: _____

Chapitre 11

Une drôle de surprise

Dans la voiture qui l'emmenait chez Bob
Legendre le commissaire décida de faire le
point. Il avait rarement vu un cas si com-
pliqué et des pistes si embrouillées! Il avait
5 l'impression de voir un film en accéléré,
comme certaines scènes des films de Charlot.*
Il avait besoin de ralentir l'action et de faire
l'inventaire.

« Bon, voyons, se dit-il, quels sont les faits:
10 avant-hier, à 4 heures, Jean Gagnon disparaît
à la sortie de l'école. Ça n'a pas l'air d'être une
fugue. Sur le coup de 10 heures il essaie de
téléphoner chez lui. Communication coupée.
La mère tient une boutique rue Saint-Jean et
15 dans la journée elle reçoit la visite de Morin
qui la dévisage sans rien dire. La fille vient
l'aider dans la soirée; le père quitte le travail
et rentre chez lui. Le père, lui, travaille dans
une banque: il est au service des prêts et donc
20 on pourrait lui supposer des ennemis. Récemment il a refusé trois prêts: aucun suspect n'est
vraisemblable. Bon. Le fils a l'air d'un garçon

faire le point *to take stock*

embrouillé *tangled up*

en accéléré *fast-motion*

ralentir *to slow down*

sur le coup (de) *at about*

*Charlie Chaplin.

sans histoires. Tout est normal: famille, école,
amis; il joue au foot, même très bien. Rien de
25 ce côté-là. Donc on revient à Morin, l'homme
au monocle. Pourquoi? Parce qu'il porte un
monocle? Parce qu'il est allé voir Madame
Gagnon? Non, parce qu'à l'aéroport il loue une
voiture — au nom de Touchard — et qu'il
30 vient de Larose... où il y a de la famille des
Gagnon. Mobile possible: histoire de famille,   le mobile *motive*
d'héritage, de secret... Morin, lui, était à
Québec... Legendre ici. Morin se fait passer
pour le docteur à qui il a volé ses affaires...
35 Oui, mais, j'y pense, Morin PEUT PARLER!
...À l'aéroport, il a bien parlé avec la fille des
locations... Que je suis idiot de ne pas y avoir
pensé plus tôt! Cet après-midi, je retournerai
à la maison de retraite... C'est un petit malin,   le malin (*f.* maligne)
40 ce Morin!... Bon, alors, maintenant, je vais   *sly one*
rencontrer Legendre: cousin éloigné, mais
cousin quand même... Famille originaire du
Canada. Pour le moment je ne sais pas ce qu'il
y a entre Morin et Legendre... Voyons si lui
45 aussi est un petit malin... Tout ce que je sais
c'est qu'il a perdu sa femme et qu'il vient de
charrier — quel drôle de mot, quand même!
...Il a aussi des ennuis d'argent... depuis
quelques mois... Tiens, voilà Galliano,
50 j'arrive. »

Quand le commisssaire se gara à l'adresse
indiquée par le shériff, il fut étonné de trou-
ver foule devant la maison. Une dizaine de   la foule *crowd*
personnes se pressaient devant la porte. Cer-
55 tains essayaient de voir en se haussant sur la   se hausser *to raise*
pointe des pieds. À la vue de la voiture de po-   *oneself*
lice, un homme s'approcha.   la pointe des pieds
    tiptoe

« Ah, Shériff, vous voilà... Mais, vous n'êtes
pas le shériff! Qui êtes-vous?

60   — Commissaire Descotaux, de la police de
Québec. Que s'est-il passé?

   — Où est le shériff? demanda l'homme, l'air
méfiant, j'ai appelé le bureau de police de   méfiant *mistrustful*
Galliano. . .

65   — Je suis ici par hasard, je viens voir Bob
Legendre.

   — Bob Legendre?

   — Oui, vous le connaissez?

   — Ce n'est pas ça, c'est que vous arrivez trop
70 tard!

   — Trop tard? demanda le commissaire,
perplexe.

   — Ben oui, on vient de le trouver sur son lit,
mort. »

Exercices

*A. Vrai ou faux? Dites si la phrase suivante est vraie. Si elle est fausse,
   donnez la bonne réponse:*

   1. Le commissaire pense que le cas de l'enlèvement de Jean
      Gagnon est très compliqué.
   2. Jean Gagnon a disparu la veille.
   3. Jusqu'à présent, le seul suspect est l'homme au monocle.
   4. À l'aéroport, Touchard a loué une voiture au nom de
      Morin.
   5. Le commissaire pense que c'est peut-être une histoire de
      famille.
   6. Le commissaire sait que Morin joue la comédie et peut
      parler.
   7. Le commissaire va voir Legendre parce que c'est un ami
      des Gagnon.
   8. Devant la maison de Legendre il y a beaucoup de monde.

9. L'homme qui parle à Descotaux est méfiant parce que le commissaire est un inconnu.
10. Bob Legendre ouvre la porte lui-même.

B. *Au cinéma*

1. Racontez la scène la plus drôle d'un film que vous avez vu récemment.
2. Maintenant, racontez la scène la plus effrayante.
3. Et la scène la plus triste.

C. *Géographie. Cherchez Galliano sur la carte:*

1. Quelle route y va?
2. C'est au nord ou au sud de Larose?
3. C'est loin?
4. Que suit la route?
5. Qu'est-ce qu'il y a de chaque côté de la route?

D. *Parlons de la méfiance. Le voisin de Bob Legendre est méfiant parce que le commissaire est canadien et inconnu dans la région. Imaginez les situations suivantes. Les gens seraient-ils méfiants? Pourquoi (pas)?*

1. Vous êtes dans le bus ou le métro et vous vous levez pour donner votre place à une personne âgée.
2. Vous téléphonez à un inconnu à deux heures du matin.
3. Vous donnez tout votre argent à un pauvre dans la rue.
4. Vous donnez une soirée et vous invitez vos amis de l'école et également les profs.
5. Au supermarché, un produit est réduit de 80%.
6. Votre voisin entre chez lui et remarque que la porte est entr'ouverte.
7. Vous vous promenez dans la rue principale de votre ville en maillot de bain en plein hiver.
8. Vous serrez la main d'un ami dans la rue.
9. Vous embrassez votre frère.
10. Vous voyez dans la rue quelqu'un qui ressemble à un ami et vous lui donnez une grande claque sur l'épaule. Ce n'est pas votre ami.

E. *Dans sa voiture, Descotaux fait le point sur l'affaire Jean Gagnon. Vous, faites le point sur*

1. votre situation à l'école.
2. vos rapports avec votre meilleur(e) ami(e).
3. votre situation financière.
4. votre situation familiale.

F. *Surprise! La mort de Bob Legendre, à la fin de ce chapitre, est une surprise pour le commissaire Descotaux. Racontez la plus grande surprise (bonne ou mauvaise) que vous ayez eue récemment.*

Chapitre 12

La rue la plus longue

Encore sous le choc de la nouvelle, le commissaire Descotaux essaya de se frayer un passage parmi les badauds. Une seconde voiture de police s'arrêta brusquement devant la
5 maison. Le shériff Leblanc en sortit précipitamment.

« Vous, s'étonna Descotaux, il n'y a pas de shériff à Galliano?

— Si, mais ils n'ont pas pu le joindre; j'é-
10 tais près d'ici qund j'ai entendu l'appel sur ma CB. Qu'est-ce qui se passe?

— Je n'en sais rien moi-même mais un voisin vient de me dire que Bob Legendre est mort!
15 — Mort? Ça alors! Et avant même que vous ayez pu lui parler! »

Les deux hommes entrèrent et il était évident que les voisins se sentirent plus en confiance quand ils reconnurent le shériff
20 Leblanc. Bob Legendre était dans sa chambre, étendu, tout habillé, sur son lit. Il n'y avait aucune trace de violence, ni sur le corps, ni dans la pièce ou tout semblait en ordre. Le shériff examina le corps.

se frayer un passage to force one's way through
le badaud onlooker

se sentir to feel
la confiance trust

étendu stretched out

25 « On dirait bien une mort naturelle; c'est
peut-être le cœur? Tiens, regardez, qu'est-ce
que c'est?

    — Un verre, le commissaire se baissa pour   se baisser *to bend*
le ramasser, un verre par terre, à côté de lui...
30 Étrange!

    — En effet, ce n'est peut-être pas une mort
si naturelle que ça!

    — Appelez une ambulance, demanda Des-
cotaux, je veux une autopsie le plus vite pos-
35 sible et surtout, faites-moi analyser ce verre.

    — J'appelle l'Hôpital Notre-Dame de la Mer,
c'est tout près d'ici. »

    Pendant que le shériff téléphonait, le com-
missaire examina le corps, lui aussi. Bob Le-
40 gendre semblait avoir la cinquantaine. Il était
vêtu d'une chemise de flanelle à carreaux. La   le carreau *square;* à
maison était modeste mais incroyablement   carreaux *plaid*
propre, remarqua Descotaux. Tout était ex-
trêmement bien rangé; il était évident que Bob   bien rangé *tidy*
45 Legendre était un homme méthodique, ma-   maniaque *overly me-*
niaque même.   *ticulous*

    L'ambulance arriva et le shériff accom-
pagna lui-même le corps à l'hôpital. Il devait
ensuite emporter le verre au laboratoire de
50 Thibodaux pour le faire analyser. Le commissaire essaya d'y voir clair dans tout cet
imbroglio et il décida de rester chez Bob
Legendre où le shériff devait l'appeler. De quoi
était mort Legendre? Pourquoi juste avant
55 qu'il ne l'interroge? Où était Morin au moment de la mort de Legendre? Il appela la
maison de retraite et parla au docteur Touchard.

    « Oui, il est là, repondit le docteur, il a passé
60 toute la matinée à regarder la télé avec deux
ou trois pensionnaires. » Une heure après, le
shériff appelait de Thibodaux.

— Commissaire? J'ai le résultat de l'autopsie: c'est un suicide! On a trouvé du curare
65 dans sa bouche, dans son sang et le labo vient
de me confirmer qu'il y en avait sur le verre.

— Hum. . . Suicide! Pourquoi? Sa femme?

— Peut-être. . . à moins que. . . Vous avez
parlé de lui à Morin! Si Legendre l'a appris, il
70 ne voulait peut-être pas que vous l'interro-
giez!

— Mais comment pouvait-il savoir que je
venais?

— Morin a pu le lui faire savoir par quel-
75 qu'un de l'extérieur. Ici, le long du Bayou Lafourche, les nouvelles voyagent vite, on ne
l'appelle pas « la rue la plus longue » pour
rien.

— Vous croyez, demanda le commissaire,
80 pensif.

— Mais oui, il y a cette histoire bien connue
qui s'est passée en 1918, juste à la fin de
la Première Guerre mondiale, un certain
Pierre. . .

85 — Écoutez, interrompit le commissaire,
écoutez, mon vieux, je n'ai pas envie d'entendre vos histoires. Prévenez plutôt la fille de
Bob Legendre, celle qui habite au Texas. Je
rentre à mon hôtel. »

90 À peine le commissaire avait-il raccroché
qu'il se frappa le front de la main:

« Mais voyons, que je suis bête, se dit-il, c'est
impossible! Le curare n'est pas soluble! Le
verre ne servait à rien. Pour faire de l'effet, le
95 curare doit entrer directement dans le sang!
Quelqu'un a monté tout ce scénario pour faire   monter *to set up*
croire à un suicide! »

Il appela l'Hôpital Sainte-Marie de la Mer
et réussit à parler au médecin qui avait fait
100 l'autopsie. Oui, le curare était dans le sang.

Bien sûr, il n'avait pas pu le boire. Le médecin ne savait pas pourquoi il en avait dans la
bouche. Oui, il y avait une petite ponction,
derrière la tête: c'est par là que le curare était
105 entré.

Quand il eut raccroché, le commissaire di-   digérer *to digest*
géra la nouvelle: Bob Legendre ne s'était pas
suicidé. Quelqu'un l'avait empoisonné avec du
curare. Ce même quelqu'un avait essayé de si-
110 muler le suicide: le corps sur le lit, le verre par
terre, du curare dans la bouche!. . . Comme il
était idiot de n'avoir pas vu tout cela plus tôt!
Tout ça parce que le shériff avait oublié de lui
dire que l'autopsie avait révélé une ponction
115 derrière la tête. Le quelqu'un qui avait or-   la mise en scène
chestré toute cette mise en scène était malin,   *staging*
très malin. . . mais pas si psychologue que ça,
pensa le commissaire. . . Legendre ne se serait
jamais allongé sur son lit avec ses chaussures!   s'allonger *to lie down*
120 Même pour se suicider, il était si minutieux
qu'il les aurait enlevées pour ne pas salir le   salir *to soil*
dessus-de-lit!   le dessus-de-lit *bed-
spread*

Exercices

A. Choisissez la proposition qui complète le mieux la phrase:

1. La nouvelle qui a choqué le commissaire est que
   (a) Bob Legendre est mort.
   (b) Le shériff Leblanc n'était pas là.
   (c) Legendre avait déménagé.

2. Le shériff
   (a) savait que Legendre était mort.
   (b) ne savait pas que Legendre était mort.
   (c) a fait un appel à sa radio.

3. Le commissaire demande une autopsie parce que
   (a) tout était en ordre dans la chambre.
   (b) il n'y avait aucune trace de violence dans la pièce.
   (c) il y avait un verre, par terre, près du corps.

4. D'après sa maison, il semblait que Bob Legendre était un homme
   (a) très négligent.
   (b) très ordonné.
   (c) très pensif.

5. Au moment de la mort de Legendre, Morin
   (a) était à Galliano.
   (b) était sorti.
   (c) regardait la télé à la maison de retraite.

6. On appelle le Bayou Lafourche «la rue la plus longue» parce que
   (a) c'est une grande rivière.
   (b) les nouvelles y voyagent vite.
   (c) il y a plusieurs chemins pour y arriver.

7. Pour faire de l'effet, le curare doit
   (a) aller dans le sang.
   (b) être avalé.
   (c) être dilué dans de l'eau.

8. Bob Legendre
   (a) s'était suicidé.
   (b) avait simulé le suicide.
   (c) avait été empoisonné.

9. Le commissaire pense que Legendre ne se serait pas mis sur son lit avec ses chaussures
   (a) pour ne pas salir le lit.
   (b) parce qu'il était très malin.
   (c) parce qu'il n'était pas très psychologue.

B. *Trouvez dans le texte les mots qui veulent dire les définitions suivantes:*

   1. Quelqu'un qui regarde.
   2. Passer avec difficulté.
   3. Méticuleux.

4. Comprendre.
5. En ordre.
6. Vite.
7. Quelqu'un qui habite à côté.

C. *Avez-vous de la mémoire?*

1. Sans relire le texte, dites ce que portait Legendre quand on l'a trouvé mort sur son lit.
2. Fermez les yeux et décrivez à la classe ce que vous portez.
3. Fermez les yeux et dites ce que porte votre professeur de français.

D. *Êtes-vous psychologue? Trouvez dans la colonne de droite l'explication des actions de Claudine:*

1. Claudine emporte toutes ses économies dans un grand magasin.
2. Claudine a mal au ventre, elle ne peut pas aller à l'école ce matin.
3. Claudine se ronge les ongles.
4. Claudine se sent mal, elle doit quitter l'école à midi.
5. Claudine n'a plus faim du tout, elle doit aller se coucher.
6. Claudine s'habille le mieux possible, tout en ayant l'air naturelle.

a. Un nouveau garçon vient d'arriver dans le quartier.
b. Il y a un examen de physique cet après-midi.
c. Claudine a cassé un vase du salon.
d. Claudine déteste les épinards.
e. Claudine n'a pas fini ses devoirs de maths.
f. Le prof d'anglais va rendre les examens.

E. *Le commissaire Descotaux pense que Legendre ne se serait pas mis sur son lit avec ses chaussures. Et vous? Racontez ce que vous ne feriez pas*

1. dans votre chambre.
2. chez vous.
3. dans la rue.
4. à l'école.
5. au restaurant.
6. dans une discothèque.

F. *Avez-vous compris? Racontez la mise en scène du meurtre de Legendre.*

G. *Vous êtes le metteur en scène. Dites ce que vous feriez dans les situations suivantes:*

1. Vous n'avez pas envie d'aller à l'école ce matin.
2. Vous voulez convaincre votre père/mère que vous avez besoin d'argent.
3. Vous devez expliquer à votre professeur de français que vous n'avez pas fini votre rédaction.
4. Vous devez expliquer à vos parents qu'on a volé le vélo de votre frère que vous aviez emprunté.

Chapitre 13

Une réaction inattendue

Le commissaire retourna à Larose: il voulait aller voir Morin le plus vite possible. Pourtant, à mi-chemin, alors qu'il passait près d'un petit restaurant situé sur le bord de la
5 route, il se rendit compte qu'il n'avait rien mangé de la journée. Il y entra et se laissa convaincre par la patronne de goûter à leur spécialité, le gumbo.

se rendre compte *to realize*
de la journée *the whole day*
goûter *to taste*

« Qu'est-ce que c'est exactement? demanda
10 Descotaux, amusé par l'enthousiasme de la patronne.

— C'est une soupe de poisson très épicée, vous verrez, c'est délicieux. C'est notre bouillabaisse à nous! Et vous savez, on peut aussi la
15 faire avec du poulet. »

la bouillabaisse *fish stew from Provence*

Mais pendant le repas, et malgré les efforts de la patronne qui faisait preuve de la célèbre hospitalité louisianaise, le commissaire Descotaux resta pensif et mangea son gumbo sans
20 vraiment en faire grand cas, au désespoir du chef que la patronne avait prévenu et qui était tout fier d'avoir un Canadien comme client.

faire cas (de) *to make much (of)*

Le commissaire était inquiet. Si, comme il le semblait, Bob Legendre avait été assassiné,

78

25   et s'il s'agissait de la même personne qui avait
enlevé Jean Gagnon, on avait affaire à quel-   enlever *to kidnap*
qu'un de très dangereux. Pour la première fois,
peut-être, il commença à craindre pour la vie
du jeune Québecquois. Il passa à son hôtel
30   avant d'aller voir Morin pour appeler son bu-
reau. Davois répondit et le commissaire le mit   mettre au courant *to*
au courant des derniers événements.   *inform*

   « Un meurtre, s'étonna Davois, dites donc,   dites donc *hey!, say!*
c'est sérieux!
35   — Et aussi le poison utilisé! Du curare...
c'est difficile à se procurer.
   — Votre loustic doit avoir des contacts avec   le loustic (*colloquial*)
l'Amérique du Sud... Je crois que vous avez   *zany*
raison de vous inquiéter au sujet du gosse!
40   — Écoutez, lui demanda le commissaire, allez voir la famille, dites-leur que j'approche du
but mais ne leur parlez surtout pas de la mort   le but *goal*
de Legendre, on ne veut pas les affoler. »   affoler *to scare*

   Il était 3 heures quand Descotaux arriva à
45   la maison de retraite. Les pensionnaires
étaient dans le jardin, bien situé, le long du
bayou. Certains lisaient le journal, d'autres
parlaient entre eux, d'autres encore regar-
daient, d'un œil absent, les quelques canards
50   qui pataugeaient dans l'eau. Morin était assis   patauger *to splash*
sur un banc, à l'écart, il tournait le dos à tout   *about*
le monde, regardant ostensiblement la route   ostensiblement *con-*
et les voitures qui y passaient.   *spicuously*

   Le commissaire, qui avait demandé au doc-
55   teur Touchard la permission de parler seul
avec Morin, s'avança vers lui et s'assit sur le
banc.

   « Vous connaissez Legendre, n'est-ce pas?
Vous savez, Bob Legendre? »
60   Morin ne répondit pas.
   « Écoutez, Morin, insista Descotaux, ce n'est
pas la peine de me faire le coup du silence! Au   faire le coup du silence *to play the si-*
   lent game

Canada, à l'aéroport, vous n'avez eu aucun
mal à discuter avec la jeune fille qui vous a
65 loué une voiture! Alors, avec moi, votre truc ne   le truc *trick*
prend pas! »

Morin était toujours inerte, il ne semblait
pas comprendre ce qu'on lui disait.

« Et bien, continua le commissaire, Le-
70 gendre, il est mort! Il a été empoisonné. »

La réaction de Morin fut surprenante, et,
dans un sens, inespérée. Il se leva soudain, re-
garda le commissaire avec horreur et partit en
courant. Descotaux, pris par surprise, mit
75 quelques secondes avant de réagir et, avant
même qu'il n'ait eu le temps de se rendre
vraiment compte de ce qui se passait, Morin
avait traversé le jardin, sauté par-dessus la   sauter *to jump*
barrière qui séparait la propriété de la route,   la barrière *fence*
80 était monté dans la voiture du commissaire et
partait, comme un fou, sur la 308, en direction du sud.

Exercices

*A. Vrai ou faux? Dites si la phrase suivante est vraie. Si elle est fausse,
donnez la bonne réponse:*

1. Descotaux retourne à Larose pour voir Morin.
2. Le gumbo, c'est une soupe de Louisiane.
3. Descotaux a beaucoup apprécié cette spécialité.
4. Le commissaire est inquiet pour Jean Gagnon.
5. Le curare est un poison facile à trouver.
6. Quand Descotaux est arrivé à la maison de retraite, Morin était dans le jardin.
7. Il parlait avec les autres pensionnaires.
8. Morin n'a pas eu l'air surpris d'apprendre la mort de Legendre.

9. Morin a pris l'auto du commissaire.
10. Il est parti vers le nord. F

B. *L'accueil:*

1. Comment faites-vous preuve d'hospitalité quand des gens viennent chez vous pour la première fois?
2. Comment pourriez-vous montrer à ces mêmes gens qu'ils vous dérangent?

C. *La cuisine:*

1. Le gumbo est une soupe de Louisiane. Nommez une spécialité de votre région ou de votre famile. Expliquez ce qu'il y a dedans et comment ça se fait.
2. Ramassez toutes les recettes des élèves de la classe et faites un livre que vous vendrez pendant La Semaine des langues étrangères.

D. *Les animaux! À la maison de retraite, les canards pataugeaient dans l'eau. Dites où, dans la liste de droite, vous trouveriez les animaux de la liste de gauche:*

1. un oiseau	a. la bergerie
2. un singe	b. la niche
3. un chameau	c. le nid
4. une vache	d. la rivière
5. un chien	e. la jungle
6. un cheval	f. l'écurie
7. un hippopotame	g. l'étable
8. un mouton	h. le désert

E. *Votre réaction! Décrivez-la le plus exactement possible:*

1. Vous avez eu la meilleure note à la dissertation d'anglais.
2. Vous apprenez que vous avez gagné un concours.
3. Vous vous rendez compte que vous avez perdu votre portefeuille.
4. Un(e) ami(e) que vous n'avez pas vu depuis trois ans sonne à votre porte.
5. Votre équipe vient de perdre le match le plus important de l'année.

Chapitre 14

Les bayous

Ce fut un branle-bas de combat. Le docteur Touchard, alerté, appela le shériff. Le commissaire et le docteur partirent sur la route 308, dans la voiture de ce dernier, en direction
5 du sud.

« Mais pourquoi, pourquoi est-ce que j'ai laissé mes clefs sur le contact, répétait Descotaux, c'est absolument impardonnable de ma part! C'est une chose que je ne fais jamais!
10 Jamais!

— Écoutez, lui répondit le docteur Touchard, ne vous mettez pas martel en tête! Ce sont des choses qui arrivent. . . C'est fait, c'est fait! Vous étiez sans doute préoccupé!

15 — Préoccupé? Bien sûr, mais ce n'est pas une excuse! D'après vous, où va-t-il?

— Par là, il se dirige vers la prairie tremblante, c'est comme ça qu'on appelle les marécages qu'il y a d'ici au Golfe. C'est là qu'il
20 peut se cacher, ce ne serait pas la première fois!

— Quand je lui ai annoncé la mort de Legendre, poursuivit le commissaire, pensif, sa réaction a été absolument incroyable!. . .

le branle-bas de combat *pandemonium*

le contact *ignition*

se mettre martel en tête *to get worked up*

poursuivre *to continue*

25 Hum. . . Et vous êtes sûr qu'il n'a pas quitté la maison?

— Vous savez, notre maison n'est pas une prison! En effet, je crois bien qu'il était là, à regarder la télé avec d'autres pensionnaires,
30 mais vous savez!. . .

— Oui, autrement dit, vous n'en êtes pas sûr! Tout ça, c'est de ma faute, j'aurais dû insister pour qu'on le mette à Houma! Je ne pensais pas que le danger était si grand, et
35 surtout. . . si imminent!

— Écoutez, Commissaire, je ne peux pas dire que je connaisse Morin parfaitement, mais il y a des mois que je l'observe, continua le docteur, il y a quelque chose qui m'échappe, mais
40 je suis persuadé qu'il n'est pas dangereux!

— Pouvez-vous aller plus vite, s'il vous plaît? J'ai peur pour ce jeune Canadien. . . Il faut retrouver Morin, c'est lui la clef du mystère. . . Les choses peuvent même être bien
45 pires. . . si. . . je me demande. . . Mais non, je divague! »

divaguer *to ramble*

Le docteur avait beau aller le plus vite possible, Morin conduisait plus vite encore. Ils traversèrent Cut Off, pas de trace de Morin ou
50 de la voiture volée. Ils approchaient de Galliano. .

avoir beau *(+ infinitive) to try in vain (to)*

« Quand vous avez prévenu le shériff, demanda le commissaire, vous lui avez dit dans quelle direction Morin se dirigeait, n'est-ce
55 pas?

— Oui, répondit le docteur, il devrait bientôt nous rejoindre. »

rejoindre *to meet*

Ils avaient déjà dépassé Galliano, toujours pas de trace de Morin. C'était maintenant la
60 route de Leeville, le cœur de la prairie tremblante. Tout à coup, ils virent la voiture de police volée par Morin, arrêtée sur la berge,

la berge *river bank*

près d'une sorte de sentier qui semblait partir
dans les bayous. Ils descendirent de la voi-
65 ture.

« C'est bien votre voiture? demanda le docteur.

— Oui, c'est elle. Alors, c'est bien ça, il est
parti dans les marécages!

70   — Oui, c'est certain, mais vous savez, moi,
les marécages, je n'ai aucune envie de m'y
aventurer!

— Il y a des sentiers?   le sentier *path*

— Oui, il y en a, mais il faut les connaître,
75 autrement c'est très dangereux, on peut s'y
perdre facilement.

— On peut y aller en bateau?

— Oui, tous les bayous se rejoignent et
éventuellement ils arrivent dans le Golfe du
80 Mexique, mais, là aussi, il faut connaître. Et
puis, on n'a pas de bateau! Non, à mon avis, il
faut attendre le shériff Leblanc. Il connaît la
prairie tremblante comme sa poche. »

Mais le shériff n'arrivait pas. Un petit ba-
85 teau de pêche s'approcha du bord. Ce n'était
pas un bateau commercial, plutôt une sorte
d'embarcation de plaisance, avec une canne à   l'embarcation *(f.)*
pêche attachée à la proue. Le commissaire in-   *small boat*
terpella le pilote.   la canne à pêche *fish-*
    ing rod
    la proue *prow*
90   « Pardon, Monsieur, police, nous recher-
chons quelqu'un qui se cache dans les marécages, pouvez-vous nous aider? Nous avons
besoin de votre embarcation.

— Ben, répondit l'homme, je suppose que je
95 n'ai pas le choix! Montez. . . Montez! »

En montant à bord, le commissaire montra
sa carte de police au pauvre pilote légèrement
dépassé par la situation. Le commissaire Descotaux s'adressa au docteur:

100   « Restez ici; quand le shériff arrivera, dites-
lui où je suis. . . s'il arrive!

— Et vous voulez aller où exactement? demanda l'homme, qui reprenait peu à peu ses
esprits.

105   — Je cherche quelqu'un qui vient d'entrer
dans le bayou, il n'y a pas plus de dix ou
quinze minutes. Allez lentement. . .

— Et ben, c'est ben ma chance, remarqua le
pauvre homme, et ma femme qui m'attend!

110 Mais dans le fond, hein, c'est un peu comme
au cinéma!. . .»

Et sans doute parce qu'il se croyait déjà
dans un feuilleton à la télé, il fit faire volte-
face à son bateau et démarra à toute vitesse,

115 si vite que le commissaire perdit l'equilibre
et. . . tomba à l'eau.

le feuilleton *TV serial*
faire volte-face *to turn
around*
démarrer *to start, pull
out (a vehicle)*

Exercices

A. Choisissez la proposition qui complète le mieux la phrase:

1. Le commissaire et le docteur partent sur la route 308
   (a) dans la voiture du docteur.
   (b) dans la voiture du commissaire.
   (c) dans la voiture de Morin.

2. Le commissaire est furieux contre lui-même parce que
   (a) Morin a pris sa voiture.
   (b) le docteur est préoccupé.
   (c) il avait laissé les clefs sur le contact.

3. Le docteur Touchard pense que Morin
   (a) est dangereux.
   (b) est en danger.
   (c) n'est pas dangereux.

4. La voiture volée était
   (a) dans un bayou.
   (b) sur la berge.
   (c) dans un sentier.

5. Dans la prairie tremblante il est
   (a) facile de se perdre.
   (b) facile de se diriger.
   (c) facile d'y aller.

6. Pour poursuivre Morin dans les bayous, ils ont besoin
   (a) d'un bateau.
   (b) d'un pêcheur.
   (c) du shériff.

7. Ils voient un petit bateau et ils vont
   (a) le voler.
   (b) le prêter.
   (c) l'emprunter.

8. Le pilote du bateau de pêche est content
   (a) parce que sa femme l'attend.
   (b) parce que c'est comme au cinéma.
   (c) parce qu'il a de la chance.

9. Le commissaire tombe à l'eau
   (a) parce que le pilote a demarré trop vite.
   (b) parce qu'il veut nager.
   (c) parce qu'il s'est retourné.

B. Trouvez dans le texte les expressions qui veulent dire la même chose que:

1. le bord de la rivière ou de la route
2. dire des bêtises
3. un danger proche
4. se faire des soucis, s'inquiéter
5. prévenu
6. quelque chose que je ne comprends pas
7. une préparation pour l'action
8. bien connaître quelque chose
9. un film par épisode, à la télévision
10. faire demi-tour

C. Descotaux a laissé les clefs sur le contact de sa voiture; c'était stupide de faire cela. Et vous? Racontez à la classe quelque chose de stupide que vous avez fait récemment et les conséquences de cette action.

D. Quelle est la conséquence? Imaginez la conséquence des actions suivantes:

1. Vous êtes en vacances dans un pays étranger. Vous perdez votre valise le premier jour.
2. Des amis français viennent aux USA pour la première fois. Ils viennent pour une semaine et il pleut tous les jours.
3. Vous êtes parti en bateau à moteur. Vous tombez en panne d'essence.
4. Vous êtes à l'école. Vous avez oublié d'apporter votre déjeuner et vous n'avez pas d'argent.
5. Votre mère vous envoie au supermarché. Vous perdez la liste des choses que vous devez acheter.

E. À la télé:

1. Dites quel est votre feuilleton préféré et pourquoi.
2. Dites maintenant celui que vous détestez le plus et pourquoi.

Chapitre 15

La poursuite

Il y avait, heureusement, très peu de fond, et l'homme aida le pauvre commissaire à remonter dans le bateau. Il était, évidemment, trempé jusqu'aux os! Tout autour d'eux, des
5 canaux, des petites rivières, semblaient aller partout et nulle part.

« Vous connaissez bien votre chemin par ici? s'inquiéta le commissaire.

— Heureusement que oui, sinon, comment
10 est-ce que je pourrais pêcher? Mais vous savez, même moi, je m'y perds parfois!

— Tenez, là, à gauche, prenez ce canal.

— Ce n'est pas un canal, répondit l'homme indigné, c'est un bayou!
15 — Canal... Bayou... Quelle est la différence?

— Oh, il y en a une: un canal, c'est artificiel, le bayou... c'est la nature! »

Le bateau tourna vers la gauche et s'en-
20 gouffra dans une sorte de cours d'eau très étroit. On ne voyait aucun signe de vie, ni à droite, ni à gauche; de temps en temps une aigrette s'envolait à leur approche. Ils prirent un

le fond *here: depth*

trempé *soaked*

s'engouffrer *to disappear into*

étroit *narrow*
l'aigrette (f.) *egret*
s'envoler *to fly, take off*

autre de ces bayous étroits, tournèrent vers la
25 droite, vers la gauche. Le commissaire avait
l'impression de tourner en rond. Soudain, à
cent mètres devant eux, un bateau déboucha   déboucher *to emerge*
brusquement, à toute vitesse, leur coupa la
route et partit tout droit, toujours à la vitesse
30 du vent.

« Vite, suivez-le, s'écria Descotaux, c'est
peut-être. . . »

Le pilote accéléra et le bateau suivit le   le sillage *wake*
sillage du premier. Le vent leur fouettait le   fouetter *to whip*
35 visage; le commissaire grelottait mais il ne   grelotter *to shiver*
quittait pas des yeux le bateau qui virevoltait   virevolter *to zigzag*
de droite à gauche. Il tourna brusquement vers
la droite et disparut de leur vue. On entendit
un coup de feu, et puis, le silence. Le bateau   le coup de feu *gunshot*
40 du commissaire déboucha dans une petite baie
entourée de marécages. Sur la droite, dans les
roseaux et les jacinthes sauvages, ils virent le   le roseau *reed*
corps d'un homme. Le commissaire fit arrêter   la jacinthe *hyacinth*
le bateau et descendit: il était déjà trempé, un
45 peu plus ou un peu moins, cela n'avait aucune
importance! Il s'approcha au moment où
l'homme se relevait, tenant son épaule gauche
avec sa main droite. Le commissaire reconnut
Morin.

50 « Et bien, vous avez eu de la chance, lui dit-
il en l'aidant à se diriger vers le bateau.

— Oui, le salaud, répondit Morin, la main   le salaud *(colloquial)*
pleine de sang, il a bien failli m'avoir!   *bastard*
le sang *blood*
— Il est parti par où?   faillir *(+ infinitive) to*
55 — Par là, dit Morin en montrant le sud, il va   *almost*
essayer de gagner le Golfe ou l'Île du Caillou.   gagner *to reach*

— C'est lui qui a Jean Gagnon?

— Oui, c'est lui. . . mais. . . comment avez-
vous deviné?   deviner *to guess*

60 — C'est mon métier, mon vieux! Vous aurez

beaucoup à m'expliquer, mais pour le moment, montez dans le bateau, il faut absolument qu'on le retrouve. »

Dans le bateau le commissaire fit une sorte
65 de bandage à l'épaule qui n'était qu'éraflée. Le   éraflé *scratched*
pilote du bateau ne savait pas de quoi ils parlaient, mais il avait commencé à prendre très au sérieux cette poursuite inattendue dans les bayous! Il lança de nouveau son bateau dans
70 la direction indiquée par Morin, mais l'autre avait maintenant complètement disparu. Morin les guida de canal en bayou, de cours d'eau en rivière et ils entrèrent dans la Baie de Terre Bonne. Ils arrivèrent près d'une petite
75 île.

« Il est peut-être là, hasarda Morin, il a une   hasarder *to dare*
cabine sur l'île.

— Une cabine? s'étonna le commissaire.

— Mais oui, expliqua le pilote du bateau,
80 vous n'avez pas remarqué ces sortes de petites maisons en bois, sur pilotis, un peu par-   les pilotis *wooden*
tout? Ce sont de vieux abris de trappeurs; les   *piles*
gens s'en servent comme cabane de pêche,   l'abri *(m.) shelter*
même comme maison pour le week-end. »

85 Quand ils arrivèrent sur l'île, il y avait bien une de ces cabines, mais quand ils y entrèrent, elle était complètement vide. Enfin, presque complètement, parce que, dans un coin, loin de l'entrée, il y avait un vieux ma-   le matelas *mattress*
90 telas posé à même le sol.   à même (le, la) *on the*
       bare; against
« L'oiseau s'est envolé, murmura le commissaire. »

Mais soudain, sur le mur, un peu plus haut que le matelas, une inscription attira son re-
95 gard. Gravé à l'aide de la pointe d'un vieux stylo cassé qu'il retrouva par terre, il lut sans trop de surprise: JEAN GAGN, le dernier mot était inachevé.

Exercices

A. *Vrai ou faux? Dites si la phrase suivante est vraie. Si elle est fausse,*
donnez la bonne réponse:

1. Le commissaire était mouillé parce qu'il pleuvait. F
2. Le pêcheur connaît bien les bayous. V
3. Il n'y a pas de différence entre un canal et un bayou. F
4. Le bateau qui débouche devant eux va très vite. V
5. L'homme qui a été blessé dans le bayou est Morin. V
6. Morin ne peut toujours pas parler. F
7. Morin pense que Jean Gagnon est dans l'Île du Caillou. V
8. Sur cette île, il y a une maison en briques. F
9. Quand ils arrivent la cabine est vide.
10. Il n'y a aucune trace du passage de Jean Gagnon. F

B. *C'est en quoi? Trouvez, dans la colonne de droite, en quoi sont faits les*
objets de gauche. Attention, il y a plusieurs réponses possibles:

1. une cabane	a. plâtre
2. un pont	b. laine
3. un sac	c. or
4. un stylo	d. bois
5. une montre	e. pierre
6. un pull	f. soie
7. une écharpe	g. feutre
8. une sculpture	h. cuir

C. *Le passe-temps. Dites quel est votre passe-temps favori. Choisissez*
dans la liste ci-dessous ou dans un dictionnaire si c'est nécessaire. Dites
pouquoi vous aimez ce passe-temps:

collectionner des timbres   jouer d'un instrument de musique
danser   parler au téléphone
écrire des poèmes   pêcher
faire des maquettes   prendre des photos

D. Une promenade:

    1. Racontez la plus jolie promenade que vous ayez faite et dites pourquoi elle vous a marqué.

    2. Racontez la promenade la plus désagréable, soit à cause du lieu, soit à cause des circonstances.

E. Êtes-vous débrouillard(e)? Vous retournez chez vous après les classes et vous découvrez que vous avez laissé vos clefs dans votre chambre. Vous savez qu'il n'y a personne à la maison. Dites ce que vous faites en suivant les suggestions suivantes:

    1. Quelles sont vos premières pensées?

    2. Allez-vous chez des voisins? Lesquels?

    3. Les voisins ne sont pas chez eux. Que faites-vous alors?

    4. Allez-vous téléphoner à quelqu'un? À qui?

    5. Que dites-vous au téléphone?

    6. Que faites-vous après?

    7. Si vous voulez absolument rentrer dans la maison, comment faites-vous?

    8. Si vous réussissez à rentrer, y a-t-il un système d'alarme qui va se déclencher? Que faites-vous alors?

    9. Quelle est la réaction de vos parents quand ils rentrent le soir?

F. Le week-end:

    1. Racontez comment vous aimez passer votre week-end.

    2. Et votre famille?

    3. Quelle sorte de week-end détestez-vous le plus?

    4. Imaginez vos week-ends dans dix ans, dans vingt ans.

Chapitre 16

Cherchez le shériff

Quand le bateau revint au bord de la route, le docteur Touchard les y attendait encore.

« Alors, demanda-t-il anxieusement, qu'est-ce qui s'est passé? J'ai cru entendre des coups
5 de feu! Morin! Vous l'avez retrouvé!

— Oui, c'est bien lui, et il est blessé à l'é-   blessé *wounded*
paule gauche, mais ce n'est pas grave. À pro-
pos, Docteur, le shériff est venu? demanda-t-il
d'un ton légèrement ironique.

10   — Non, justement, je me demande pourquoi!

— Quand j'ai lu l'intensité de la peur sur
votre visage et j'ai vu que vous étiez blessé,
continua Descotaux en s'adressant à Morin,
15 j'ai compris que le criminel, ce n'était pas
vous. Le shériff ne viendra pas, reprit-il en se
tournant vers le docteur, c'est lui qui a essayé
de supprimer Morin.   supprimer *to do away*
                                                  with
— Shériff Leblanc?

20   — Lui-même, et c'est lui qui est à l'origine
de l'enlèvement de Jean Gagnon. Morin va
pouvoir nous éclaircir sur ce mystère. »   éclaircir *to shed a*
                                                  light
Et pendant le trajet du retour, Morin leur   le trajet *trip*
raconta son histoire.

96

25   « Et bien, voilà. Comme vous le savez, j'é-
tais mécanicien à Lafayette. Je menais une vie
sans histoires. Un soir, avec un copain, on a
rencontré Leblanc. À l'époque, je ne savais pas
qu'il était dans la police! Il nous a proposé de
30   faire un coup à la banque de Lafayette. Il avait   faire un coup (collo-
tout prévu: il disait qu'il n'y avait aucun dan-   quial) to do a job
ger. Moi, je ne voulais pas, mais mon copain,
lui, il avait des ennuis d'argent, alors. . .
      — Il a dit oui, et vous aussi parce que
35   vous n'avez pas voulu avoir l'air d'une poule   la poule mouillée (col-
mouillée!   loquial) coward,
      "chicken"
      — Malheureusement, le coup a mal fini.
L'alarme a été déclenchée, on a essayé de fuir   fuir to flee
mais mon copain a été descendu par les flics.   descendre (colloquial)
40   J'ai essayé de l'emmener mais Leblanc m'a dit   to kill, shoot down
de me dépêcher, qu'il était trop tard pour lui.   le flic (colloquial) cop
Alors, on est descendus vers le Golfe et c'est là
qu'il m'a dit qu'il était shériff dans le coin et
qu'il allait s'arranger pour qu'un autre paie à
45   ma place. En contrepartie, je devais jouer le
rôle du dérangé et rester sur place pour lui
servir le cas échéant.   le cas échéant if nec-
      essary
      — Du chantage, quoi, s'exclama le commis-   le chantage blackmail
saire.
50   — Oui, c'est ça. . . Mais il faut dire que, depuis ma petite enfance, j'ai toujours eu peur
d'être enfermé, c'est maladif chez moi, alors,
vous comprenez, l'idée d'aller en prison!
      — En effet, interrompit le docteur Tou-
55   chard, je me souviens très bien de cette affaire. C'est un type de Houma qui a été arrêté,
tiens, justement, par le shériff Leblanc . . . Il
avait tout avoué; il est encore en prison, c'est   avouer to admit
sûr.
60   — Et vous, demanda le commissaire, vous
vous êtes caché par ici?
      — Là aussi, c'est Leblanc qui avait tout

prévu. Je suis resté dans la cabine que vous
venez de voir, sur l'Île du Caillou. Après
65 quelques mois, Leblanc s'est arrangé pour
qu'on me prenne et on m'a fait des tas de tests.
J'ai bien joué mon rôle. J'ai atterri à Larose.
Leblanc devait me faire partir pour la Californie avec de faux papiers, mais il disait qu'il
70 avait encore besoin de moi, une seule fois.

   — Alors, qu'est-ce que vous avez fait pour
lui? demanda le commissaire.

   — Il y a sept mois à peu près, des bijoux,
dans une plantation de Thibodaux. Il m'a fait
75 échapper de la maison de retraite. Quand on
m'a retrouvé quelques jours plus tard à la
Nouvelle Orléans, personne n'a pensé que j'a-
vais quelque chose à voir avec le vol.

   — Et les bijoux?
80   — Je les ai donnés à Leblanc, bien entendu.
Il devait me fournir mes papiers pour San
Francisco deux ou trois mois après le vol
mais. . .

   — Il s'est trouvé à ce moment-là qu'il avait
85 encore besoin de vous, avança Descotaux, c'é-
tait pour l'enlèvement de Jean?

   — C'est ça. D'abord, j'ai refusé. . . Mais il
m'a fait peur, il m'a dit qu'il lui était facile de
me mettre sous les verrous jusqu'à la fin de
90 mes jours! . . . Alors, vous pensez! Mais, je vous
assure que je ne voulais pas. . .

   — Écoutez, le commissaire l'arrêta, on arrive à Larose. Je vous emmène à mon hôtel et
vous allez me raconter comment vous avez
95 enlevé le gosse. »

atterrir to land (a plane)

le bijou (pl. bijoux) jewel

le vol robbery

le verrou lock; mettre sous les verrous to lock up

Exercices

A. Choisissez la proposition qui complète le mieux la phrase:

1. Le docteur Touchard était encore au bord de la route parce qu'il
   (a) avait peur d'aller en bateau.
   (b) attendait le shériff.
   (c) était blessé.

2. Le shériff
   (a) est venu aussitôt.
   (b) n'est pas venu.
   (c) est arrivé en retard.

3. La personne qui a essayé de tuer Morin est
   (a) le shériff Leblanc.
   (b) le docteur Touchard.
   (c) Bob Legendre.

4. Quand Morin était mécanicien à Lafayette, il a
   (a) travaillé dans une banque.
   (b) rencontré des copains.
   (c) rencontré le shériff Leblanc.

5. Le shériff a proposé à Morin et à son copain de
   (a) voler une banque.
   (b) travailler dans la police.
   (c) élever des poules.

6. Pendant le vol de la banque, le copain de Morin
   (a) s'est enfui.
   (b) a été pris par la police.
   (c) a été tué par la police.

7. Le shériff voulait que Morin
   (a) aille en prison.
   (b) fasse semblant d'être dérangé.
   (c) avoue ses crimes.

8. Morin a dû travailler pour le shériff, il a
   (a) volé des bijoux à Thibodaux.
   (b) fait des faux papiers.
   (c) atterri en Californie.

9. Morin avait accepté de voler les bijoux parce que le shériff lui avait promis de lui donner
   (a) une chambre à l'hôtel.
   (b) des habits propres.
   (c) des faux papiers.

10. Morin a accepté d'enlever Jean Gagnon parce qu'il
    (a) avait peur du shériff.
    (b) voulait aller au Canada.
    (c) n'aimait pas San Francisco.

B. *Trouvez dans la colonne de droite l'équivalent des expressions de la colonne de gauche:*

1. supprimer	a. le garçon
2. faire un coup g	b. a été tué
3. une poule mouillée ∠	c. être en prison
4. a été descendu d	d. tuer
5. le cas échéant	e. ma mort
6. être sous les verrous	f. si c'est nécessaire
7. la fin de mes jours	g. faire un vol
8. le gosse	h. quelqu'un qui a peur

C. *Expliquez la raison de vos actions! Répondez aux questions de votre mère pour les trois situations suivantes:*

1. Vous avez reçu une lettre ce matin.
   VOTRE MÈRE: C'était une lettre de qui?
   VOUS: _____
   VOTRE MÈRE: Et pourquoi l'as-tu déchirée aussitôt?
   VOUS: _____

2. Vous avez invité un garçon (une fille) que vous n'aimez pas du tout.
   VOTRE MÈRE: Qui as-tu invité à dîner ce soir?
   VOUS: _____
   VOTRE MÉRE: Vraiment! Je croyais que tu ne l'aimais pas du tout.
   VOUS: _____

3. Vous avez eu une très mauvaise note à un examen de physique.
   VOTRE MÈRE: Comment! Tu as raté l'examen?
   VOUS: _____
   VOTRE MÈRE: Et pourquoi? Tu n'as pas étudié?
   VOUS: _____

D. *Par fierté! Morin ne voulait pas avoir l'air d'une poule mouillée! Et vous? Racontez un épisode de votre vie ou vous avez fait quelque chose de vraiment stupide pour « faire comme tout le monde ».*

E. *Au théâtre. Morin a joué le rôle du « dérangé » pour ne pas aller en prison. Jouez des rôles devant la classe; les autres devront deviner ce que vous êtes. Voici quelques exemples:*

1. agent de police qui fait la circulation
2. facteur qui apporte le courrier
3. joueur de basketball
4. ouvrier dans une usine qui fabrique des autos
5. parent qui gronde son enfant
6. pâtissier / pâtissière qui fait des gâteaux
7. quelqu'un en panne sur l'autoroute
8. skieur
9. touriste étranger perdu
10. vendeur / vendeuse dans un grand magasin

F. *C'est du chantage! Complétez le dialogue suivant entre vous et votre petit frère:*

PETIT FRÈRE: Oh, tu sais, je t'aime beaucoup, tu es formidable!

VOUS: _____

PETIT FRÈRE: Mais non, je ne veux rien! Mais j'ai un devoir de maths que je ne comprends pas!

VOUS: _____

PETIT FRÈRE: Non! je ne te demande pas de le faire, juste de me l'expliquer!

VOUS: _____

PETIT FRÈRE: S'il te plaît, tu es si formidable! Explique-moi...

VOUS: _____

PETIT FRÈRE: Je te donnerai quelque chose!

VOUS: _____

PETIT FRÈRE: Ah, je ne peux pas te dire, c'est une surprise!

VOUS: _____

PETIT FRÈRE: Mais non, c'est vrai, je te donnerai quelque chose.

VOUS: _____

PETIT FRÈRE: Ah, merci! Tu es adorable!

VOUS: _____

Chapitre 17

Le jour J

Dès qu'ils arrivèrent à l'hôtel le commissaire téléphona à la police de la Nouvelle Orléans et leur demanda d'alerter toutes les
paroisses avoisinantes et d'arrêter Leblanc. Il
5 les prévint que le shériff était armé et dangereux. Il se cala ensuite dans un fauteuil, prêt à
écouter le récit de Morin sur l'enlèvement de
Jean Gagnon.

« Allez-y, mon vieux, je vous écoute!

10 — Donc, il m'a dit qu'il avait encore besoin
de moi, poursuivit Morin, mais que c'était
pour un seul boulot. Il m'a promis que je par-
tirais aussitôt pour San Francisco. Il m'a aidé
à m'échapper, une deuxième fois, de la mai-
15 son et, comme vous l'avez vu, il n'y a rien de
plus facile! Il m'avait bien recommandé de
prendre le costume du docteur Touchard et de
m'assurer que ses papiers étaient dans la
poche.

20 — Et le monocle? »

Morin toussa pour se donner une conte-
nance.

« Ça, c'est personnel, murmura-t-il.

— Ah non! Écoutez, s'écria Descotaux, n'a-

se caler *to settle com-
fortably*
le fauteuil *armchair*
le récit *tale*

le boulot *(colloquial)
job*

tousser *to cough*
se donner une conte-
nance *to put up a
front*

25 busez pas de ma patience! Ce n'est pas le moment de me faire des cachotteries!

 — Et bien, c'était à mon copain. Vous savez,
celui qui s'est fait descendre. Il y tenait beaucoup, c'était un souvenir de son grand-père qui

30 l'avait élevé. À la banque, quand j'ai essayé de
l'emmener avec nous, j'ai trouvé le monocle
cassé dans sa main. Je n'ai pas voulu que la
police le trouve, c'était trop personnel... Je
l'ai pris et j'y ai mis un verre blanc... C'est un

35 peu comme si quelque chose de lui vivait encore.

 — Hum... Je vois, répondit le commissaire... Bon, alors, vous êtes parti pour Montréal. Comment?

40 — C'est Leblanc qui m'a amené à l'aéroport
et une fois là-bas...

 — Vous avez loué une voiture avec les papiers de Touchard... C'est ça que je ne comprends pas. Car enfin, Leblanc vous propose

45 des faux papiers pour aller en Californie!
Pourquoi ne pas vous les donner pour aller au
Canada? On ne vous aurait jamais retrouvé!

 — Je crois que je sais pourquoi: il savait que
je faisais ce boulot à contrecœur! Il a dû avoir

50 peur que je lui fausse compagnie.

 — C'est un malin, un drôle de malin... Bon,
continuez.

 — Mes ordres étaient de me familiariser
avec les lieux, de suivre Jean Gagnon, de voir

55 à quel moment un enlèvement serait le plus
facile. C'est ce que j'ai fait. Le jour J, Leblanc
est arrivé, lui aussi. Il avait loué une autre
voiture. J'ai cueilli Jean à la sortie de l'école
et je l'ai conduit au lieu de rendez-vous où

60 Leblanc nous attendait, près de l'aéroport.

 — Le gosse ne s'est pas défendu?

 — Je lui ai mis un coton plein de chloro-

---

la cachotterie *petty se-cret:* faire des ca-chotteries *to make secrets out of trifles*

élever (quelqu'un) *to raise (someone)*

le jour J *D Day*

cueillir *to pick up*

forme sous le nez. Je ne lui ai fait aucun mal!

— Mais dites-moi, reprit Descotaux en
65 regardant Morin avec curiosité, pourquoi
êtes-vous passé à la boutique de la mère, ce
jour-là?

— Hum, je ne sais pas trop, répondit-il en
rougissant. Toute cette histoire ne me plaisait
70 pas. J'ai voulu voir sa mère, j'aurais voulu
pouvoir lui dire quelque chose... la rassurer... Leblanc m'avait promis qu'il ne lui
ferait aucun mal.

— Je vois, le voleur au cœur sensible! Quel
75 drôle de bonhomme vous faites, mon pauvre
Morin! Bon, alors, continuez.

— Et bien Leblanc a récupéré Jean et il l'a
emmené dans un hélicoptère et ils sont partis
pour les États-Unis.

80 — Un hélicoptère? Rien que ça! Où est-ce
qu'il a été chercher cet hélicoptère? Pourquoi
est-ce qu'on ne me l'a pas signalé?

— Je n'en sais rien. Tout ce que je sais, c'est
qu'il était habillé en colonel de l'armée amé-
85 ricaine. J'ai cru comprendre que lui et ses
copains ont des tas de déguisements qui marchent à tous les coups!

— En effet, ce ne sont certainement pas des
amateurs. Alors Jean est avec lui et vous, vous
90 revenez ici...

— C'est ça. On m'a retrouvé dans les bayous. Je devais rester encore deux ou trois semaines... Et puis vous êtes arrivé!

— Oui, jusqu'ici, tout colle à peu près. Jean
95 a dû reprendre connaissance et essayer d'appeler ses parents, soit avant, soit après l'hélicoptère... Je vais appeler mon bureau, qu'on
me retrouve la trace de cet engin! Mais maintenant, il y a une question que nous n'avons
100 pas abordée! Pourquoi?

rougir *to blush*

drôle *here: strange*
faire *here: to seem*

à tous les coups *(col-loquial) always*

coller *(colloquial) to fit*

aborder *to tackle*

— Pourquoi quoi? s'étonna Morin.

— Pourquoi enlever Jean Gagnon?

— Ben ça, je n'en sais rien, absolument rien.

105 — Quoi, explosa le commissaire, VOUS N'EN SAVEZ RIEN! Vous enlevez un jeune garçon de seize ans sans savoir pourquoi?

— C'est que Leblanc n'est pas le genre de personne à qui on demande des comptes. Je n'avais qu'une hâte... Partir! Être loin de 110 lui... Ce devait être la dernière fois... Mais maintenant qu'il a tué Legendre, je vois bien qu'il ne va pas hésiter à me supprimer!

avoir hâte (de) *to be eager (to)*

— Comment, mais il a DÉJÀ essayé! Vous avez oublié? Regardez votre épaule... Alors, 115 essayez un peu de vous rafraîchir la mémoire! Votre vie est peut-être en jeu... Quels sont les rapports entre Leblanc, Bob Legendre et la famille Gagnon?

en jeu *at stake*

— Commissaire, je vous dis la vérité, insista 120 Morin! Je sais que je vais faire de la prison et que je n'ai que ce que je mérite... Si je le savais, croyez-moi que je vous le dirais! Je n'en ai pas la moindre idée! »

Exercices

A. Vrai ou faux? Dites si la phrase suivante est vraie. Si elle est fausse, donnez la bonne réponse:

1. Descotaux demande qu'on arrête le shériff Leblanc. V
2. Il prévient la police de la Nouvelle Orléans que Leblanc n'est pas dangereux. F
3. Morin a accepté d'enlever Jean Gagnon pour aller au Canada. F
4. Le shériff lui avait dit de prendre le costume du docteur Touchard. V

5. Le monocle de Morin est un souvenir de son grand-père. F
6. Leblanc avait confiance en Morin et il lui a donné des faux papiers pour aller au Canada enlever Jean Gagnon. F
7. Morin a enlevé Jean Gagnon à la sortie de l'école. V
8. Il lui a donné un grand coup sur la tête pour qu'il ne se défende pas. F
9. Morin est sentimental. V
10. Leblanc est venu en hélicoptère chercher Jean Gagnon. F
11. Leblanc fait partie de l'armée américaine. F
12. Morin ne veut pas dire pourquoi Leblanc voulait enlever Jean Gagnon. F

B. *Souvenir. Le monocle, pour Morin, est un souvenir de son copain qui est mort. Et vous? Avez-vous des objets qui sont importants pour vous parce qu'ils vous rappellent quelqu'un qui est parti loin ou a disparu? Racontez à la classe.*

C. *Confession. Un vase du salon a été cassé. Complétez ce dialogue entre vous et votre mère:*

VOTRE MÈRE: Sais-tu qui a cassé le vase bleu du salon?
VOUS: _____
VOTRE MÈRE: Pourtant, tu étais à la maison. Il n'y avait personne d'autre.
VOUS: _____
VOTRE MÈRE: Mais tu sais bien que le chat dort toute la journée!
VOUS: _____
VOTRE MÈRE: Mais ce chat n'a jamais rien cassé. Pourquoi aurait-il voulu sauter sur la table?
VOUS: _____
VOTRE MÈRE: C'est ridicule, ton histoire ne tient pas debout, ce pauvre chat a quatorze ans, il est trop vieux pour cela.
VOUS: _____
VOTRE MÈRE: Arrête toutes ces histoires et dis-moi la vérité. Je te promets que tu ne seras pas puni(e)! Ce vase, je ne l'aimais pas, de toute façon.
VOUS: _____
VOTRE MÈRE: Ah, voilà, enfin. Tu vois bien que ce n'est pas si dur!
VOUS: _____

D. *Sentimental(e)?*

1. Expliquez en quoi Morin est sentimental.
2. Et vous? Racontez quelque chose qui vous est arrivé où vous vous êtes montré sentimental(e).

E. *Synonymes. Trouvez dans le texte les mots ou expressions qui veulent dire la même chose que:*

1. prévenir *alerter*
2. l'histoire
3. un travail
4. sans aimer ce qu'on fait
5. une machine *une voiture*
6. demander des explications
7. se souvenir *se rappeler*
8. je n'en sais rien du tout

F. *Avez-vous compris l'histoire jusqu'ici?*

1. Racontez, de vos propres mots, comment Leblanc tenait Morin « prisonnier » et a pu lui faire faire ce qu'il voulait.
2. Racontez comment s'est opéré l'enlèvement de Jean Gagnon.

Chapitre 18

L'habit ne fait pas le moine

À ce moment, le téléphone sonna. C'était le bureau de police de Thibodaux.

« Allô, Commissaire Descotaux?

— Lui-même.

5   — Ici Boudon. On vient de recevoir un message de la Nouvelle Orléans, C'est vrai... au sujet du shériff?

— Oui, malheureusement, mais, vous savez, l'habit ne fait pas le moine!

10   — Écoutez, j'ai une dame au bout du fil, la fille de Bob Legendre. Vous voulez lui parler?

— Oui, absolument, donnez-moi ses coordonnées et dites-lui que je la rappelle. »

Quelques minutes plus tard le commissaire
15 parlait avec Isabelle Leyton. Il lui raconta la mort de son père et le fait qu'il avait été empoisonné. Elle n'était au courant de rien, ayant seulement trouvé un message par lequel elle devait entrer en contact avec la po-
20 lice de Thibodaux.

« Mon Dieu! s'exclama-t-elle, mais pourquoi? Qui lui voulait du mal? Le pauvre homme, il avait déjà assez d'ennuis comme ça!

— Je n'en sais encore rien, Madame, mais,

les coordonnées (*f*) *(colloquial) address and telephone number*

109

25 dites-moi, quelles sortes d'ennuis avait votre
père?

— Oh, ça a commencé avec la maladie de
Maman qui a duré six ans. Pendant ce temps-
là ses affaires ont périclité. Récemment il a
30 même dû vendre sa maison.

péricliter to collapse

— Vous savez sans doute que vous avez de
la famille au Canada?

— Oui, du côté de Québec, je crois, mais je
ne les connais pas. Pourquoi?

35 — La mort de votre père est peut-être liée à
cette parenté. Je n'en suis pas encore sûr.
Écoutez, je vous appellerai dès que j'aurai du
nouveau.

— Ce n'est pas la peine, répondit-elle, j'ar-
40 rive. Je prends l'avion ce soir-même. »

Le commissaire passa encore une dizaine de
coups de fil. Une heure après il avait les con-
firmations qu'il cherchait: Leblanc s'était bien
absenté de Thibodaux pendant vingt-quatre
45 heures au moment de l'enlèvement; un colonel de l'armée américaine avait atterri à
l'aéroport de Québec et était reparti quelques
heures plus tard; il y avait bien eu un vol de
bijoux à Thibodaux sept mois auparavant et
50 un certain Pellerin était en prison après avoir
avoué son rôle dans une tentative de vol où
son copain avait été tué.

« Morin, tout s'enchaîne, et je commence
vraiment à croire votre histoire. Maintenant,
55 il s'agit de retrouver Leblanc avant qu'il ne tue
le gosse. Nous savons que Jean était sur l'île
puisqu'il a essayé d'écrire son nom sur le mur.
Où a-t-il bien pu l'emmener?

— Vous savez, il garde un hélicoptère du
60 côté de Leeville, à l'héliport d'une compagnie
de forage du Golfe.

le forage drilling

— Un helicoptère? Humm... Je pourrais

appeler l'armée de l'air. Ce qu'il nous faut,
c'est trouver un lien entre Gagnon, Legendre
65 et Leblanc. Mais, j'y pense! Et les bijoux?
— Quels bijoux?
— Mais, les bijoux que vous avez volés! C'é-
tait où, exactement?
— Je n'en sais rien, c'est Leblanc qui con-
70 duisait; mais je reconnaîtrais certainement la
maison.
— Il n'y a rien de plus facile que d'obtenir
l'adresse. Venez avec moi, ce sera plus sûr
pour vous. On va aller voir la maison; je se-
75 rais fort surpris qu'il n'y ait pas un rapport
avec la famille Legendre! »
Et pendant que Morin, un peu nerveux à
l'idée de retourner sur le lieu d'un de ses
crimes, s'apprêtait à suivre le commissaire, ce   s'apprêter *to get ready*
80 dernier appela l'armée de l'air pour faire
surveiller les côtes.

Exercices

A. Choisissez la proposition qui complète le mieux la phrase:

1. Isabelle Leyton est
   (a) la fille de Bob Legendre.
   (b) la femme de Bob Legendre.
   (c) l'amie de Bob Legendre.

2. Quand elle apprend que son père a été empoisonné, elle
   (a) n'est pas surprise.
   (b) est surprise.
   (c) le savait déjà.

3. Le commissaire a beaucoup téléphoné ce soir-là parce qu'il
   (a) voulait des renseignements.
   (b) était déprimé.
   (c) s'ennuyait.

4. Les renseignements donnés par Morin semblent être
   (a) faux.
   (b) incomplets.
   (c) vrais.

5. Le commissaire veut retrouver Leblanc le plus vite possible
   (a) pour repartir au Canada.
   (b) parce qu'il est inquiet pour Jean Gagnon.
   (c) pour l'emmener sur l'île.

6. Ils savent que Jean Gagnon était sur l'Île du Caillou parce que
   (a) son nom était gravé sur le mur.
   (b) sa photo était sous un matelas.
   (c) Morin l'a dit.

7. Le commissaire veut retourner à la maison
   (a) où Legendre habitait.
   (b) à côté de laquelle Leblanc garde son hélicoptère.
   (c) où Morin avait volé des bijoux pour Leblanc.

8. Morin
   (a) connaît l'adresse exacte de cette maison.
   (b) pense pouvoir reconnaître cette maison.
   (c) ne peut pas savoir où est cette maison.

9. Morin est nerveux de retourner à cette maison parce que
   (a) c'est loin.
   (b) il ne veut pas conduire.
   (c) c'est là qu'il a volé des bijoux.

10. Le commissaire téléphone à l'armée de l'air pour
    (a) avoir un hélicoptère.
    (b) faire surveiller les côtes.
    (c) obtenir une adresse.

B. *Trouvez dans la colonne de gauche l'équivalent des expressions de ce chapitre qui se trouvent dans la colonne de droite:*

1. L'endroit où quelque chose est arrivé.
2. Au téléphone.
3. Cela s'explique.
4. Il ne faut pas juger les gens par leur apparence.
5. Tout allait de plus en plus mal.
6. Donner des renseignements sur son adresse, son numéro de téléphone, etc.
7. Savoir quelque chose.

a. L'habit ne fait pas le moine.
b. Au bout du fil.
c. Donner ses coordonnées.
d. Être au courant.
e. Les affaires périclitaient.
f. Tout s'enchaîne.
g. Le lieu du crime.

C. *L'habit ne fait pas le moine! Racontez une expérience où vous avez été trompé par l'apparence de quelqu'un.*

D. *Bon acteur? Vous voulez tromper quelqu'un et créer une fausse impression. Que faites-vous?*

1. Vous êtes en France et vous voulez passer pour un acteur célèbre.
2. Vous voulez aller à une soirée élégante où vous n'avez pas été invité(e).
3. Vous voulez faire croire aux élèves de la classe que vous êtes sortie avec un acteur / une actrice célèbre.
4. Vous voulez faire croire à votre prof d'anglais que vous avez lu énormément de livres.
5. Dans un musée d'art moderne, vous voulez donner l'impression que vous comprenez plus que tout le monde.
6. Dans un restaurant français vous voulez passer pour un connaisseur alors que vous n'y connaissez rien.

E. *Interview. Imaginez que vous êtes un acteur / une actrice célèbre. Vous êtes interviewé(e) par un journaliste. Complétez le dialogue suivant:*

LE JOURNALISTE: Quel est votre film préféré?
VOUS: _____

LE JOURNALISTE: Pourquoi?

VOUS: _____

LE JOURNALISTE: Avec quel acteur ou quelle actrice avez-vous préféré jouer?

VOUS: _____

LE JOURNALISTE: Quand avez-vous décidé que vous vouliez faire du cinéma?

VOUS: _____

LE JOURNALISTE: Quels sont vos projets?

VOUS: _____

LE JOURNALISTE: Avez-vous l'intention de vous arrêter de jouer un jour?

VOUS: _____

LE JOURNALISTE: Pouvez-vous me dire où vous vivez?

VOUS: _____

LE JOURNALISTE: Quelle est la personne qui compte le plus dans votre vie?

VOUS: _____

LE JOURNALISTE: Je vous remercie d'avoir répondu si gentiment.

VOUS: _____

F. *Le lieu du «crime»!*

Racontez quelque chose que vous avez fait, quand vous étiez petit, et que vous associez encore à un endroit spécifique! Attention, quelque chose de bien ou de mal!

Chapitre 19

Sur la piste

La maison que Morin avait cambriolée se trouvait dans le quartier le plus chic de Thibodaux, sur la route de Morvant. Le commissaire lui avait promis de ne rien dire de son
5 véritable mobile en rouvrant une enquête probablement déjà enterrée et surtout de ne pas dévoiler sa véritable identité. Une dame assez âgée vint leur ouvrir.

« Bonjour Madame, le commissaire s'in-
10 clina, permettez-moi de me présenter: commissaire Descotaux, de la police de Québec, et voici mon... assistant... Davois... Puis-je me permettre de vous poser quelques questions?

— Mais bien sûr, entrez, Messieurs, entrez,
15 je vous en prie. »

Ils entrèrent dans un salon joliment décoré et s'assirent dans des fauteuils du plus confortable.

« Madame, continua Descotaux, il y a quel-
20 ques mois, on vous a, je crois, volé des bijoux de famille?

— C'est exact, Monsieur, des bijoux d'une valeur inestimable mais surtout, pour moi, sentimentale. Pensez qu'ils étaient dans la

cambrioler *to burglarize*

enterrer *to bury*

25 famille depuis que mes ancêtres ont dû quitter l'Acadie!...

— Ces bijoux étaient assurés, n'est-ce pas?

— Bien sûr! L'assurance n'a pas fini l'enquête qu'elle a menée parallèlement à la po-
30 lice.

— Ils n'ont rien trouvé?

— Non, pas encore.

— Puis-je vous demander le nom de votre
assureur?

35 — Mais oui, c'est l'Agence Lebrun.

— Merci, Madame, heu... une dernière
question: vous connaissez la famille Legendre?

— Legendre? Legendre? Laquelle? Il y en a
40 plusieurs.

— Bob Legendre, de Larose? Il habite maintenant à Galliano.

— Ah non, désolée, je connais Pierre Legendre et sa sœur, Blanche, mais ils habitent
45 à Thibodaux et je ne pense pas qu'ils soient de
la même famille. Vous savez, Legendre, c'est
un nom très courant par ici. »

Il était 7 heures quand le commissaire et
Morin quittèrent la maison, et, malgré l'heure
50 tardive, Descotaux décida d'aller voir si l'A-
gence Lebrun était encore ouverte.

« Vous venez avec moi, annonça le commissaire à Morin. Vous voyez bien que vous ne
risquez rien. Personne ne sait qui vous êtes!
55 Cette brave dame serait tombée dans les
pommes si elle avait su que c'est vous qui...

— Écoutez, ça me rend drôlement nerveux
tout ça. À quoi ça sert que je sois avec vous?

— On ne sait jamais! Vous pouvez remar-
60 quer un détail qui m'échapperait... Après
tout, vous n'avez pas tellement le choix: avec
ou contre moi! Alors, ce sera quoi?

tardif (f. tardive) *late*

tomber dans les
  pommes *(colloquial)*
  to faint

— C'est drôle, répondit Morin en souriant,
je sais que vous allez me faire payer et que je
65 le mérite, mais je ne peux pas m'empêcher de
vous trouver sympathique!

— Si étrange que cela paraisse, c'est réci-
proque... Ce serait une bonne histoire, vous
ne trouvez pas: le commissaire et le vo-
70 leur...»

Ils arrivaient à l'agence. Le directeur était
encore là et il les reçut dans son bureau.

« Oui, c'est vrai, dit-il après avoir entendu
l'histoire de la visite à Thibodaux, nous
75 n'avons encore rien trouvé, mais nous sommes
sur une piste! Nous pensons que les bijoux ont
quitté les États-Unis. Nous sommes après un
gang international qui se spécialiserait dans
les vols de bijoux et d'objets d'art. Ils au-
80 raient un réseau qui couvre le monde entier!   le réseau *network*
On a des raisons de penser qu'ils se sont in-
filtrés dans la police et qu'ils se servent de
fausses identités de l'armée.

— Hum, je vois..., le commissaire était très
85 intéressé, ont-ils des hélicoptères?

— Oui, entre autres. On pense que leur
quartier général est à la Guadeloupe.

— Et les bijoux seraient à la Guadeloupe?

— Nous avons quelqu'un sur place et nous
90 ne sommes pas les seuls! Il y a déjà Interpol,
la Sûreté et Scotland Yard, sans compter le
FBI! Ils espèrent mettre la main sur les chefs
de la bande et la démanteler. »

Le commissaire quitta le bureau de l'assu-
95 reur de plus en plus perplexe. La Guadeloupe!
Il était évident que Leblanc ne travaillait pas
seul. Un réseau international, cela expliquait
le costume militaire, l'hélicoptère... Il eut
soudain une idée. La Guadeloupe! Pourquoi
100 est-ce que les gens y vont, en général... Il ar-

rêta la voiture près d'une cabine téléphonique
qui se trouvait au bord de la route et appela
son bureau à Québec. Il laissa un message
pour Davois qui devait le rappeler dès qu'il
105 aurait la réponse à une certaine question. Il
rentra ensuite à Larose et décida d'enfermer
Morin dans une des chambres de l'hôtel, au
grand soulagement de l'intéressé qui crai-   le soulagement *relief*
gnait pour sa vie. À 8 heures 30 Davois rap-
110 pelait le commissaire.

« J'ai appelé Monsieur Gagnon, comme vous
me l'avez demandé, patron. Vous aviez raison, chaque année, pendant les vacances de
Pâques, les Gagnon vont vers le soleil. En
115 général, ils vont en Floride; cette année, ils ont
voulu changer. Ils sont allés à la Guadeloupe. »

Exercices

*A. Vrai ou faux? Dites si la phrase suivante est vraie. Si elle est fausse,
donnez la bonne réponse:*

1. La maison où Morin avait volé les bijoux était dans un
   quartier pauvre.
2. Le commissaire va dire aux gens de la maison que c'est
   Morin qui avait volé les bijoux.
3. Les bijoux avaient beaucoup de valeur.
4. La dame de la maison est une cousine de Bob Legendre.
5. Le commissaire et Morin commencent à se détester.
6. L'assureur est sur une piste.
7. Il pense aussi que les voleurs de bijoux sont des profes-
   sionnels.
8. Il pense que les bijoux sont maintenant à la Martinique.
9. Le commissaire comprend que Leblanc ne travaillait pas
   seul.

10. Il enferme Morin dans une chambre d'hôtel pour qu'il ne s'échappe pas. F *parce qu'il croyait pour en ie*

11. Cette année, les Gagnon sont allés en vacances à la Guadeloupe. ✓

B. Synonymes. Trouvez dans le texte les mots ou expressions qui veulent dire la même chose que les expressions suivantes:

1. dire qui il est
2. bien qu'il ait été très tard
3. elle se serait évanouie
4. ils espéraient les arrêter
5. il avait peur

C. Sentimental(e)?

1. Dites à la classe ce qui, pour vous, a une valeur sentimentale: objet, musique, chanson, souvenir, etc.
2. Et pour votre famille?

D. Les noms. Legendre, à l'origine venait de «le gendre», c'est à dire, le mari de ma fille! Trouvez l'origine des noms français suivants:

1. Boulanger	4. Dubois	7. Lebrun
2. Blanchard	5. Dupont	8. Poirier
3. de la Tour	6. Leblanc	

Connaissez-vous d'autres nom de famille d'origine française que vous pouvez facilement expliquer?

E. Les vacances de Pâques:

1. Où allez-vous, en général, pour les vacances de Pâques?
2. Où vont vos amis?
3. Préférez-vous aller en vacances avec votre famille ou avec des amis?
4. Pourquoi les Canadiens cherchent-ils le soleil?
5. Préférez-vous la mer ou la montagne? Pourquoi?

F. Où allez-vous? Dites où, des endroits de la colonne de droite, vous devrez aller pour

1. faire réparer votre voiture. _f_
2. prévoir un voyage. _a_
3. déclarer le vol de votre moto _c_
4. déclarer le vol de vos bijoux. _d_
5. prendre un train. _e_
6. faire réparer vos chaussures. _b_

a. À l'agence de voyage.
b. Chez le cordonnier.
c. Au commissariat de police.
d. Chez l'assureur.
e. À la gare.
f. Au garage.
g. Au magasin de chaussures.
h. À la caisse.
i. Chez le bijoutier.